ウィルフレッド・R・ビオン［著］

ハフシ・メッド［監訳］
黒崎優美・小畑千晴・田村早紀［訳］

Experiences in Groups
集団の経験

ビオンの
精神分析的集団論

Wilfred R. Bion

金剛出版

Experiences in Groups and Other Papers
Wilfred R. Bion
©Tavistock Publications Limited 1961

謝辞

　本書への論文掲載を了承してくださった次の方々に感謝する。「治療におけるグループ内緊張」(*Lancet* 第 27 号 [1943 年 11 月]) について，*Lancet* 誌の編集長に，「集団の経験」I～VII (*Human Relations* 第 1～4 号 [1948～1951 年]) について，*Human Relations* 誌の出版社と編集委員に，「集団力学——再考」(*International Journal of Psycho-Analysis* 第 33 号第 2 部) について，*International Journal of Psycho-Analysis* 誌の編集長に。

序文

　本書に掲載されている諸論文への反響は私の予想を超えており、在庫品では間に合わないほど増刷への要望が寄せられた。

　今になって思えば、再版が最善の解決策であったが、私はその後の経験をふまえた改訂をしないまま再版することに乗り気になれなかった。しかし、書き直しが奏功することは稀であり、着想からの発展過程を示す試論を取り除くことによる損失は、それ以上に大きいものである。したがって、諸論文は、手を加えられることなく再版されることになった。再版にあたり、*Human Relations* 誌に発表したシリーズに掲載されていない2本の論文を加えることにした。第1の論文（序章）は、本書が採用するアプローチがさらなる検討に値するという私の考えの源に焦点を当てている。第2の論文は、私自身や他の人がさらに発展させたいと望むかもしれない、それまでの結論を要約している。また、その寛大さと熱意によってつねに私の着想を引き出してくれたジョン・リックマン（John Rickman）の協力に謝意を表したいという純粋に個人的な理由もある。

　本書において、主権と権力を取り上げられなかったことを残念に思う。本書に登場するような小グループでは、主権と権力とが成熟に至るまで発展することがない。成熟した形態は外部にあり、他のグループによる外部からの侵襲によってのみグループに影響を与える。これらについては、時間があれば今後の著書のなかで論じたい。その際には貨幣価値の経済外要因を取り上げる。それは単に重要なだけでなく、経済的影響を通じて主権と権力の力動に多大な寄与をしている。

　私は、精神分析の実践家として、個人を対象とする精神分析的アプローチと、本書に掲載された諸論文が扱っているグループを対象とするアプローチとが、同一の現象の異なる側面を扱っているという事実に、深い感

銘を受けた。両アプローチは，実践家に初歩的な双眼視覚を提供する。観察結果は2つの分類に集約されるが，それらの親和性は次のような現象により示される。一方のアプローチでは，現象はエディプス状況を中心とするつがいグループに関連づけられ，他方のアプローチでは，現象はスフィンクスを中心とする知識や科学的方法に関連づけられる。

　私が現在行っている研究についてはいずれ公刊したいと考えている。それを通じて私は，クラインの諸理論である投影同一化，および妄想－分裂ポジションと抑うつポジションとの相互作用の決定的な重要性を確信するにいたった。

　これら二組の理論がなければ，集団現象の研究に僅かな進展ももたらされるか疑わしい。これらの理論に関連する機構が果たす役割については，最終章で触れているので，参照されたい。

W・R・ビオン

集団の経験
ビオンの精神分析的集団論

目次

謝辞／003
序文／005

序章 治療におけるグループ内緊張 グループの課題に関する研究

社会復帰のための計画（W・R・ビオン）―― 015
神経症患者のための訓練 ―― 016
実験 ―― 019
結果 ―― 021
解説 ―― 023
小規模病棟への集団療法の適用（J・リックマン）―― 025
結論 ―― 027

集団の経験

1 ──────────────────────── 031

2 ──────────────────────── 041
解釈の必然性 ―― 045
グループ心性の問題 ―― 049
グループとリーダー ―― 052

3 ──────────────────────── 057

4 ──────────────────────── 074
依存グループ（baD グループ）―― 075
経験から学ぶことへの憎悪 ―― 081

5 ──────────────────────── 087
作動グループ ―― 091

6 _____ 105

原子価 ―― 106
個人のジレンマ ―― 107
baD の二面性 ―― 109
作動グループにおける不安 ―― 111
不安の原因 ―― 112
グループにおける情緒的動揺 ―― 113

7 _____ 116

分裂（Schism） ―― 116
グループに関するその他の見解 ―― 117

再考

集団力学 _____ 129

作動グループ ―― 131
基底的想定 ―― 133
すべての基底的想定グループに共通の特徴 ―― 139
ある基底的想定から他への変化における変則形態 ―― 141
特殊作動グループ ―― 142
基底的想定における時間と発達 ―― 144
基底的想定間の関係 ―― 145
要約 ―― 149
精神分析的見解 ―― 150
言語的交流 ―― 166
要約 ―― 168

訳者後書（黒崎優美）／173
索引／177

集団の経験
ビオンの精神分析的集団論

序章
治療におけるグループ内緊張
グループの課題に関する研究 [1]

「集団療法」（group therapy）という言葉には2つの意味がある。すなわち，特殊な治療的面接のために集まった人々の治療を表す場合もあれば，グループにおける協働が円滑に進むよう導く力を強化するための計画的な試みを表す場合もある。

　グループで行われる個人療法は，通常，神経症的な悩みを安心して表明しあうようなものである。時に，それによりもたらされる浄化（catharsis）が主となる場合もある。グループの治療は，良好な集団精神を生み出す諸因子についての経験や知識を得る可能性を有しているようである。

社会復帰のための計画（W・R・ビオン）

　個人療法の場合，神経症は個人の問題として露呈する。集団療法においては，それはグループの問題として露呈せざるをえない。軍精神病院内訓練病棟の責任者に任命されたとき，私はそれを目的として自身に課した。

　最初の課題は，予定表や組織にとって，この目的を追求することが何を意味するのかを見出すことであった。

　私は，落ち着いた静かな環境の下でこの課題に向きあうわけにはいかなかった。席に着いた途端，患者や他の人々により持ち込まれた切迫した問題に取り囲まれていたためである。訓練病棟の下士官に会い，彼らの職務について説明すべきか，中東から帰国した友人に会うため48時間の緊急外出許可を申請しているAに会うべきか，あるいは，列車の遅延という不運にみまわれたことで外出時間を超過したと誤解を受け，助言を求めているBに会うべきか，等々。

この種の問題に1時間ほども携わっているうちに、私は、訓練の必要性を確信するようになっていた。自分の仕事が長引くのに憤慨して、私はこの問題について検討しはじめたのであった。

神経症患者のための訓練

　病棟には300から400名の患者が収容されていた。彼らはすでに、軍隊式の規律、良好な食事、標準的な世話など、治療的価値を有する利益を享受していたが、彼らを精神病院から遠ざけるには、それらの処遇は明らかに不充分であった。そのような対応は、すべての入院患者に提供されていた。訓練病棟に入るまでは、寝台に横になっておくといったわずかな制限さえ課せられてはいなかった。

　私は、戦争状況において、経験豊かな将校が、ならず者たちを統率するために実践している規律のようなものの必要性を確信するに至った。しかし、それはどのような規律なのだろうか。緊急の必要に迫られて、私は、1つの作業仮説を見出した。すなわち必要不可欠な規律は、次の2つの因子から成る。

　第1に、共通の脅威と目標を提供するような敵の存在、第2に、経験豊かで、自らの欠点を認め、部下の誠実さを尊敬し、彼らの好意も敵意も恐れないような指揮官の存在である。

　社会復帰病棟を担当する精神科医であるところの指揮官は、その責任が生死に関わる場合の責任者の立場がどういうものであるかを知っていなければならない。また、権威の存続を明示できなければ、それを受け入れることができないような同僚の下で権威を行使するとはどういうことかを知っていなければならない。同僚との親密な情緒的関係を伴う生活がどういうものかを知っていなければならない。要するに、戦闘部隊の指揮官が営むような生活について知っていなければならない。これらのことを心得ている精神科医であれば、患者たちが潜在的に兵士である、つまりいずれ

は所属部隊に復帰すると考えてしまうようなひどい失態からは少なくとも逃れられるだろう。そして，社会に適応し，戦時・平時にかかわらず，自らの責任を進んで引き受ける自尊心を備えた人間を生み出すことが自らの課題であると悟るだろう。それこそ，彼が治療に向けて払うあらゆる努力を無に帰するほどの深い罪悪感から自らを救う唯一の方策である。

　社会復帰病棟の人々に共有される脅威，そして彼らを結びつける共通の目標とは何であろうか。

　脅威を見出すのはたやすい。精神科医の仕事や治療を促進するための組織は，神経症者の突飛な言動によってつねに危険にさらされている。共同体において無能な神経症者の存在こそが，訓練病棟に共有される脅威であった。今や私は，集団療法においてグループの問題としての神経症を明示するという出発点に戻ってきた。ただし，訓練の問題に脱線したおかげで，2つのことが追加された。神経症を，グループを危険にさらすものとして，そして，それがさしあたってグループの共通目標とされるよう明示する必要性である。

　しかし，共有の課題として神経症的無能力さに取り組むようグループを説得するにはどうすればよいのだろうか。

　神経症患者は，つねに治療を求めるわけではない。苦悩が患者を治療に駆り立てるときでさえ，心からそれを望むとは限らない。治療に対する患者の乗り気のなさは，抵抗としてすでに認められている現象である。しかし，個人ではなく社会における同様の現象についてはいまだ認められていない。

　社会は，社会自身の有する心理学的な障害の心理学的な方法による治療を，いまだ求めてはいない。というのも，社会が，その苦悩の本質を評価するに足りる充分な洞察に達していないからである。訓練病棟という組織においては，少なくともそういった洞察の進展が妨げられるべきではない。より望ましいのは，神経症的なふるまいによって幸福や効率が損なわれ，社会的には困難さが増大するそのやり方を目立たせることである。共同社会における苦悩が神経症的な副産物であることを明示できれば，神経症が

共同社会において研究し取り組む価値のあるものとみなされるようになるだろう。それは，社会が抵抗を乗り越えるための最初の一歩となるだろう。

さして重要ではない，しかし現実的で厳格な，軍からの次の2つの要求に，訓練病棟は応えなければならなかった。それは，患者が良くなる方法を明示し，それにより精神科医が退院可能な患者を判断できるようにすることであった。さらに，患者の動機づけの方向や，それに基づき退院後どのような仕事に従事すべきか示すことができれば有益であろう。

私は，透明な壁で囲まれた骨組みのように，訓練病棟という組織を視覚化することが助けになると考えた。この空間において，1人の患者は1つの点で表される。そこでの活動は，矛盾した衝動が導く結果に基づいて，患者があらゆる方向に自由に動けるようなものであることが望ましい。患者の動きは，可能な限り，外部からの妨害によって歪められてはならない。結果として，患者のふるまいは，患者が公言していることや医師が患者に期待するものとは異なる，患者にとって有効な望みや目標の公平な指標として信頼に足るものになるだろう。

その「空間」における活動には，単なる神経症的な無力感の表現，明らかに軍事的なもの，同じく明らかに民主的なものが含まれることが予想された。患者はこれらの方向のいずれかに進むように見える。それによりエリック・ウィトカワー（Eric Wittkower）が将校選抜の際に用いた言葉を借りれば，患者の「資産と負債」を，一定の客観性をもって査定することができたのである。患者がこの想像的空間のどの出口へ向かっているかが明らかになれば，その真の目的を評価することができるだろう。

同時に，訓練病棟は，その主たる目的である，対人関係に関わる教育と訓練のためにも活用される。組織の活動がこの理論構成に近づけば，訓練病棟のメンバーは，枠組みの（いわゆる）外から一定の距離をおいて，その活動における問題について理解を深めることができるだろう。

実験

数百名から成る訓練病棟患者に，次の規則が公示された。

(1) 治療上の理由がない限り，全員が毎日1時間の身体的訓練を実施しなければならない。
(2) 手工芸，軍事通信講座，大工仕事，地図の解読，砂盤制作などのうち，全員が1つ以上のグループ活動に所属しなければならない。
(3) 入りたいグループがないとか，そのほかの理由で既存のグループに入れない場合には，希望すれば誰でも新しいグループ活動を始めることができる。
(4) グループ活動に参加できないときは休憩室に行かなければならない。
(5) 休憩室は看護師の管理下に置かれる。読み書きや囲碁（チェッカー）のようなゲームができるよう静寂が保たれていなければならない。他患の邪魔にならない程度の小声で話すことはできるが，看護師の許可を要する。どの活動も合わないと感じる者は，誰でも休憩室の寝椅子で休むことができる。看護師は，日常的な業務として，休憩室の利用者全員の氏名を記録する。

毎日12時10分に巡回が行われ，その他の業務指示がおこなわれることも告知された。患者には知らされていなかったが，この巡回は厳密に30分間と定められていた。それは，患者が枠の外側から一定の距離を保ってその活動を観察する機会を提供するためであった。手短にいえば，それは，治療セミナーの精緻化へ向けた初歩となることを意図したものであった。

最初の数日はほとんど何も起きなかった。しかし，患者たちの間に多くの議論や考えが生まれていたのは明らかだった。12時10分集会も，最初の数回は，提案の真実味を推し量る程度のものであったが，やがて本格的なグループ活動が行われるようになった。

わかりやすい活動として，プログラムグループが挙げられる。このグループは，各グループの活動時間と場所を皆に知らせるための図表を作成し，また無料コンサートなどのチケット配布を行った。プログラム室は，わずかな期間に急速な発展を見せた。各自の活動を示す旗の立てられた図表が，患者の創意を示唆する多彩色に染まっていく様子は，春の開花を思わせた。なかには，無断で欠席してしまうメンバーを，ドクロマークで表すといったものもあった。

　このすばらしい展示は，おそらく12時10分集会における最初の重要な治療的協同の試みであった。1，2名の職員を目の前の仕事から引き離し，「他の世界では何が行われているのか」，共にグループを見て回るのが私の習慣であった。その結果，私や一緒に回った職員は，そこで観察した興味深い事柄を12時10分集会で報告することができた。多くのグループが存在し，実行可能な提案であれば各自の好みに従う自由がほぼ完全に保証されていたにもかかわらず，ほとんど何も起こらなかった。大工仕事や自動車整備のグループはせいぜい1，2名であった。要するに，訓練病棟は何の隠し立てもない正面玄関のようであったが，以前に患者が私に訴えていた不満のひとつが軍の「ごまかし」についてであり，それがどれだけ激しいものであったかを思えばこれは奇妙なことであった。したがって，訓練病棟におけるごまかしの存在について研究と議論を行うことは価値があると思われた。

　上の指摘は聴衆に「理解されている」という印象を与えたようだった。私はこの点において議論を指揮官としての私個人ではなく共同責任の問題に転じた。

　訓練病棟は驚くべき速さで自己批判的になっていった。実験を始める際の設定で許可されていた行動の自由によって，組織における神経症的特性が痛ましいほど露わになっていった。数日のうちに，患者たちは，病棟が汚れていて現在の定期的な病棟清掃では清潔を保つことができないと訴えはじめた（それまでは清潔にするよう求めてばかりいた）。彼らは「清掃班」の組織化を申請し，許可された。清掃班の任務は，病棟を終日隅々まで清

潔に保つことであった。その結果，次の週の視察で病棟を訪れた病院長は，病棟が見違えるほど清潔になっていることに注目したのである。

結果

　この組織の治療的側面に関わる作用のすべてを詳述するのは難しいが，方法と結果について2つの例を挙げてみよう。
　新たな設定が開始されて間もなく，患者たちが規則のあまさを濫用しているという不満が出はじめた。「グループ活動に参加し熱心に作業をしているのはたったの20%です。残りの80%は単なる怠け者の集まりではないですか」と彼らは私に訴えた。彼らが言うには，休憩室はたいていだらだらと過ごす者たちで溢れているが，それさえしない者もいた。そのことには私も気づいていたが，少なくとも外面的には，私の責任においてその問題を解決することを拒否した。その代わりに，数週間前の時事問題に関する軍部の会合において，まさにその問題が取り上げられ議論されたことを指摘した。それは，社会（その場で議論の対象となったのはロシア社会であったが）における非協力的な人々と，そのような人々の存在によって引き起こされる社会問題であった。それならばなぜ，訓練病棟に同様の問題が発見されたからといって，それが驚くべき，かつ屈辱的なことだと思うのだろうか。
　不満を訴える者たちは，私の冷静な反応に満足しなかった。彼らの望みは，怠け者に罰が与えられるか，あるいは何らかの対処がなされることであった。これに対して私は，不満を訴える者自身もまた神経症的症状を有していると返答した。そうでなければ，彼らが入院することはなかったのである。なぜ20%の患者と80%の患者とで，その無能力さに異なる対処がなされる必要があるのだろうか。結局のところ，「80%」の問題は特に新しいものではない。市民生活において，治安判事，保護観察官，ソーシャルワーカー，聖職者，そして政治家たちは皆，この種の問題に対処してき

たのであり、なかには罰則や処罰を用いるものもある。「80%」はしかし、いまだ我々と共にある。問題の本質がすべて明らかになり病の診断がつくよりも前に、治療を急ぐのは不可能なことではないだろうか。私はこれが、訓練病棟や軍だけの問題ではなく、より広い社会全体と関連していることを指摘した。そして、彼らはそれを学ぶべきであり、気づきを得たなら新たな提案をするよう示唆した。

　次のことを指摘しておく価値はあるだろう。いかなる問題も境界が明確になるまでは解決を試みないという私の決断は、活気溢れる健康的な忍耐の後で、科学的な誠実さをもって仕事に臨むという真の信念を生み出すのに役立った。根気よく患者を観察するこのシステムは、確かに効果的かもしれないが、効果が現れるまでにとても時間がかかると批判する人がいた。私の返答は、彼自身が、わずか1カ月の間に軍の規律と訓練病棟の状態が驚くべき改善を見せていると指摘した、ほんの数日前のことを思い出させることだった。

　第2の例は、より野性的な神経症的衝動が、実践的で常識的な活動へと発展する様子を示すものである。

　最も大きなグループが、ダンスクラスの設置を提案した。表面的には、集団活動への便宜を図るという私の約束がどの程度誠実なものかを試そうとするかに見えるその提案の背景に、戦力外となっている男性の、女性に対する痛ましいまでの劣等感があったのは確かだった。求めに応じて提出された具体的な案には、特に引き留めるべきところもなく、結局そのクラスは、夕方の娯楽として組み込まれた。彼らの考えで、ダンス未経験者のみを対象とし、講師はATS（陸軍訓練学校／女子国防軍）(2)の職員が引き受けた。要するに、この提案は、まったく非実用的な発想から始まり、一見したところ、軍の目指すところや戦時下における国家に対する社会的責任という感覚とあらゆる点で対照的なものでありながら、最終的には、一日の作業の終わりに用意された無害かつ真剣な学習の機会となった。さらに、本活動に関わった者は、第1に練習、第2に社会的慣例として、必然的に指揮官やATSの将校やATSと接触することになった。

その間，病棟の患者は新たに入り，また（しばしば彼らがとても役立つようになった時点で）退院により去っていったが，12時10分集会は，能率的・快活・建設的な会合へと急速に発展していった。
　この計画が実行されてから1カ月の間に生じた変化は，大きなものだった。当初は，患者たちを作業につかせるのがとても困難なことのように思われたが，その月の終わりには，彼らが望む作業のための時間を見出すことが難しくなっていた。すでにグループは定時の集会以外の時間もよく統制の取れたものになりはじめていた。無断欠席はほぼ皆無で，全体を通してただ1例のみであった。他の患者たちが訓練病棟への所属を熱望するようになった。人々の入れ替わりにもかかわらず，病棟には確かに団結心があり，それは，12時10分集会の際に将校（士官）が入室してきたときの洗練された敬礼などに現れていた。将校に対する患者らの関わりは，友好的かつ協力的なものであった。彼らは，準備してきたコンサートやその他の活動が将校らの共感を得ることを切に望んでいた。自らが取り組んでいる課題の本質をまだ完全には理解していなかったとしても，彼らと将校たちとの間には，価値ある重要な課題に共に取り組んでいるという実感が，かすかではあるが確かに存在していた。それは，その計画を知ることができなくてもなお信頼する司令官のもとにある部隊の雰囲気に似ていなくもなかった。

解説

　6週間の実験から多くの結論を引き出すことは不可能である。その期間では充分探索できなかった問題もあるし，戦時下ゆえに公然と議論できない問題もあった。
　12時10分集会は，彼らが現実との接触を図り，他者や課題への関わりを効果的に調整する能力を表すものにますますなっていった。集団療法を研究する組織の必要性は確かなものとなり，その布石は打たれたようで

あった。訓練病棟の「仕事」とは，グループ内の対人関係に関する研究，訓練，および管理であるという全体としてのとらえ方が，治療的接近のあり方として広く認められたように思われた。戦場における優れた戦闘部隊について知っている人なら誰でも，そのような部隊の兵士と訓練病棟の患者とが似ていることに気づくだろう。そのような観点から見れば，この試みは有益であったと思われるが，残された課題もある。

　そのうちのいくつかは，精神療法を行う場としての病院という環境の適切性という深刻な疑問を提起している。精神医学的訓練部隊（ユニット）とでも表現するのがより適切な組織化も可能であった。実際，そのようなユニットの設立と「運営」（modus operandi）が行われた作業もあった。精神科医の態度についても，いくらか再調整の余地がある。集団療法が効奏するために精神科医がとるべき態度は，優れた部隊の指揮官が有する直観や共感のようなものである。そうでなければ，優れた部隊長のほうが，個人面接という狭い領域に注力してきた者より有能な精神科医であり，より良い結果をもたらすのではないかという疑いは消えないだろう。

　最後に，再び注意を次の事実へ向けてみよう。すなわち，社会も個人と同様に，少なくともその苦痛の一部の源が心理学的なものであるという実感から動因を得るまでは，それらを心理学的な方法で処理するのを望まないだろうということである。共同社会を象徴する訓練病棟において，その事実が学習されて初めて，もてるすべての力を自己治療のために解放することができたのである。訓練病棟という小さな共同社会において認められたことは，より大きな共同社会にも適用しうるだろう。そして，国民的士気の根深い動因を同じ方法で処理するのに，誠意ある支援を得るには，さらなる洞察を要するだろう。

小規模病棟への集団療法の適用 (J・リックマン)

　同一の施設内で14から16床ごとに区分された患者を対象に、より斬新な感性に基づく集団療法を適用する実験が行われた。まず、すべての患者に精神科医が個別面談を行い、従来の方法で生活史を聴取した。それから、1時間の「行進」の前に討議の時間が設けられた。行進から病棟へ戻れば、患者は精神科医を訪ね、集団討議の題材について個人的に話しあうことができたが、持ち込まれた話題の多くは、行進やそれに対する個人的な感想であった。

　彼らがグループの一員でいる間、治療における話題は、グループの利益を最優先することに対する個人的な難しさに集中した。集団討議には、次のような話題が含まれていた。

(a) 本病棟への滞在は一時的なものであり、訓練病棟へ移る者もあれば、新患病棟から移ってくる者もある。この流動的な状況にいかに対処すべきであろうか。医師と患者や将校と他の階級との間の相違は別の特殊な話題であったが、我々は、新たな加入者たちに自らを適応させなければならなかった。というのも、「我々の病棟」（つねにそう呼ばれていた）における我々の態度は、彼らにとってはまったく何の意味もないのである。そうでなければ、彼らを部外者として、あるいは適応不全の部内者として扱わなければならない。同じことが、訓練病棟へと出て行った人たちにも言える。彼らは病棟というグループで身につけた態度を永久に保ちつづけることも、より大きな訓練病棟にそれを適用させることもできないだろう。彼らは新たなグループのなかに自らの居場所を見出さなければならず、病棟での経験は単なる記憶にすぎないものとなるだろうが、それが有益な記憶となることが期待されていた。日課の集団討議に、訓練病棟の人々も戻ってきて参加すべき

かという問題もあった。その焦点は，彼らがそこから何を得られるかではなく（それが最も興味深い体験であったということは疑われていないようだった），異なる構造のグループに属する，あるいは本病棟との接触を失っている人々がやってくることが，本病棟に居場所を見出しつつある患者らを混乱させてしまうのではないかという点に当てられていた。

(b) 病棟の「外部」における階級の違いは，病棟での互いへのふるまいにどの程度影響を与えるのだろうか。平等化を目指そうとするのか，あるいは，外部と同等の階級が病棟にも発生するのだろうか。その場合，病棟での階級は何に根拠づけられるだろうか。

(c) 病棟における不満を生み出しているのは何だろうか。それは，戦時下の病棟特有のものか，あるいは，あらゆる人々の集まりにも見られるものなのだろうか。

(d) 病棟における満足や幸福を生み出しているのは何だろうか。それは，個人の自発的な活動（発想の自由な表現）によるのか，あるいは，病棟が個人に求めるものを認識して初めて感じられるものなのだろうか。これら2つの観点の間には根本的な矛盾が存在するのだろうか。もしそうなら，それはすべてのメンバーに当てはまるのか，あるいはその一部にのみなのか。後者の場合，その違いは何によるのだろうか。生育歴のなかで身につけてきた特性か，あるいは，一時的に他のメンバーよりも強化されているのだろうか。もしその特性が可変性のものならば，病棟において，圧迫なしにそのような特性を減じることは可能だろうか。

神経症的な問題に対するこのようなアプローチの効果は，注目すべきものであった。そこでは，公的であれ私的であれ，個人的な問題と社会との関わりについて，進んで，時には熱心な議論が交わされていた。神経症者は自己中心的で協同作業を嫌うという通説は，おそらく，すべてのメンバーが対人関係において彼らと変わりがないとみなされるような環境に置かれ

る機会が稀であることによるのではないだろうか。

本実験は、人事異動により中断されたため、臨床的、あるいは統計的な結果の報告はできない。しかし、臨床家が、患者との接触を失うことなくグループとその力動に注意を向けることは可能であり、またそのようなアプローチがグループ内外に不安を生じさせる可能性があるとは言えるだろう。

結論

我々は、「良好な集団精神」の定義という目的により接近することができた。それは、個人の良好な精神を定義するのと同様に困難な作業ではあるが、以下に挙げる要素はその本質と関連しているようである。

(a) 目標の共有——それが、敵を下すことであれ、人々の交流や身体的な快適さにおける理想や創造性を追求することであれ、目標が共有されていること。
(b) 認識の共有——グループの「限界」、およびより大きな部隊やグループに関する自らの立場と機能について、メンバー間に共通の認識があること。
(c) 許容力——集団的個性を失う恐怖に圧倒されることなく、新たなメンバーを受け入れ、また失うことができる、すなわち、柔軟性のある「集団性格」(group character) を有すること。
(d) 自由——厳格（すなわち排他的）な境界を有するサブグループから自由であること。サブグループが存在したとしても、その中心を特定のメンバーが占めてはならないし、サブグループそのものが中心となり、メイングループの他のメンバーがメイングループに属していないかのように扱われてはならない。メイングループの機能に対するサブグループの貢献は周知されなければならない。

(e) 各メンバーはグループへの貢献により評価され，その範疇で自由に動くことができる。それを制限できるのは，グループにより考案され課せられ，広く認められた条件のみである。
(f) グループは内なる不満を直視し，それに対処する能力をもたなければならない。
(g) グループを構成するには最低3名を要する。2名の場合は個人的関係でしかないが，3名以上になると対人関係の質は変化する。

　神経症者を対象に軍立病院内の訓練病棟で行われた本実験は，グループとその内部的力動に関するさらなる検討の必要性を示唆している。心理学や精神病理学が個人を扱う際に，その人が属する社会的領域は除外されていることが多い。個人と社会とが，同じように重要で互いに影響しあうものとして扱われ，それらの相互作用に関する心理学的研究が行われるならば，それは有用なものとなるだろう。

▼註
1——ジョン・リックマン（John Rickman）博士との共同研究。
2——ATS : Auxiliary Territorial Service／1938 補助地方義勇軍（第二次世界大戦時，英陸軍が組織した義勇軍）→ 1949 王立婦人陸軍へ。［訳註］

集団の経験

I

　1948年始めにタヴィストック・クリニック（Tavistock Clinic）の専門委員会が，私独自の技法を用いたグループ治療を行ってほしいと依頼してきた。この件で，委員会の意図するところを私は知る由もないが，彼らの目的が，私が以前に行ったグループ治療と関係していることは，わかっていた。私には患者から成るグループを使ってグループの緊張を研究しようとした経験があったので，おそらく委員会が私にこれを再開するように望んでいるのだと思った。委員会が，私の技法をグループに適用することで，患者が治ると信じているようだとわかったときは戸惑った。最初に感じたことは，私がメンバーの一人であるグループで起こったことに関する委員会の期待が，私のものとは大きく異なっていたということである。私が確かに言える唯一の治療というのは，比較的小さな現れである，グループが私の努力を好意的に受け取るかもしれないというひとつの信条と関連したものである。そこで，私はこの申し出を受け容れることにした。そして部屋には，時々多くなったり少なくなったり，それは患者だったりそうでなかったりするが，私のほかに8～9人の人たちと共に座ることになったのである。グループのメンバーが患者でないときに，私はしばしば特有の困惑のなかにいた。それでは，何が起きたのかを見ていくことにしよう。
　約束の時間にグループのメンバーは到着しはじめる。一人ひとりが短い時間に互いに会話をし，そしてあるメンバーが集まったとき，グループが静かになった。しばらくすると雑談が再び始まり，また静かになる。あ

る意味，私がグループのなかで注目の的になっていることがはっきりわかった。さらに，私が何かをするように期待されていることに不安を感じた。この点で私はグループに不安を打ち明け，私の態度が誤解されようとも，私はそう感じているとコメントした。

　私はすぐに私の打ち明けたことがあまり受け入れられないと感じた。グループは私に何かを期待していることを考えもせず，不安を表現したことにグループは憤慨しているのである。私はこれについて反論しないが，しかしグループが期待しているものは私からは手に入らないということを指摘したことで私は満足している。私はこれらの期待とは何か，何がそれを生み出すのかと思うのである。

　そのグループの友情はひどく試されたものであるが，そのことが私にいくつかの情報を与えた。ほとんどのメンバーは，私がこのグループを担当すると語った。ある人たちは，私がグループについての多くの知識があることで信望があると言い，ある人たちは何をすべきか私が説明すべきと感じており，ある種のセミナーかレクチャーだと感じていた。

　こうした考えが，噂に基づいていることを指摘したとき，グループの担当者としての私の名声を拒んでいるように思われた。私は感じたことを次のように言った。グループは私に対して，かなり良い期待をもっていて，それが本当ではないとわかってがっかりしているようだと。グループは期待が事実であると思いたいのであり，挑発的でわざとがっかりさせる私のふるまいは，私が望めば違うようにふるまうこともでき，この腹いせのようなふるまいでしかないと言わんとするばかりだった。私はグループに，これが私のグループを扱う方法であることや，私がそのような方法でグループを扱うことを認めることが難しいのだと指摘した。

　同時にその会話は私には，グループが目的を変えることを示しているように見えた。

　グループが新しい方向性を決めるのを待ちながら，グループと同様に読者を悩ませてきた私の行動について，いくらかの説明をすることが役に立つだろう。もちろんこれをグループのなかでしようとは夢にも思わないが，

しかし読者は文書よりもはるかに多くの証拠をもっている男女とは違う立場にいる。読者には，いくつかの疑問が生じるだろう。グループに対する私の態度が不自然で，単純で，ある意味では自己中心的だと思うかもしれない。なぜグループは一個人のパーソナリティや歴史，キャリアなどの関連のない問題を議論することで悩むのか。私はこうした疑問に対して十分な回答ができるとは思わない。グループがそうすることを余儀なくされたことは認めるが，しかし自分のことを話すようグループに押しつけたと考えているわけではないことはここで言っておこう。

　会合の目的として，それが不適切であり，グループや私にとっても喜ばしくないことであったとしても，私のパーソナリティについての先入観が目立ったように見える。私は単に起きていることについて，私が感じたことを述べただけである。もちろんその状況を私が引き起こしたと言われるかもしれない。私はそうは思わないが，こうしたことがありえることだけは認めざるをえない。私の意見がたとえ正しいとしても，それが何の役に立つのかと思うかもしれない。ここでは，それが何の役に立つのかについては，私にもわからないとしか言えない。この種の観察の本質については確かではない。精神分析と比較して，それを集団転移の解釈と呼びたいが，しかしそうした説明が正当化されるためには，グループに関する多くの証明が必要であることに，どんな精神分析家も賛成してくれると思う。少なくとも言えることは，この種の観察は，日常生活のなかで自発的で自然に行われているものであり，もし意識的でなく無意識的でも，私たちがこうした観察をすることは避けられないということである。そして私たちがこの種の観察をしたときに，それが事実と一致すると感じることができたなら，とても役立つということである。私たちは絶えず，私たちに対するグループの態度であると私たちが感じたことによって影響を受けているし，それをどう考えるかによって無意識的にも意識的にも左右される。すぐにわかるだろうが，私がこれまでグループのなかで行ったような表現方法を使うべきだという結論にはならない。白状すると，この私の方法は特殊だとみなされるにちがいない。先例が求められるならば，ある種のタイプの

人たち，特に迫害されていると感じやすい人がこのようにふるまうことを私たちは知っている。読者は良い例ではないと思うだろうが，間もなくグループもそう思うことが明らかである。私たちは，グループが方向を変えるところで置きざりにしたままなので，今はグループに戻ることにしよう。

まずはじめに私たちが目を見張ったのは，場の雰囲気が変わりはじめたことである。人当たりの良いX氏が，グループをまかされ，私が作り出したひどい状況を変えるための一歩を踏み出した。私たちが公平にこのグループを見ることができると示唆したように見えたなら，間違った印象を与えたことになる。このグループの幸せを願っているX氏，彼の立場から見てこのトラブルの源である私に注意を向けたのは当然である。彼がグループのモラルと親交に破壊的な要因に対してすぐに取り組むことは，良い考えだということが読者にもわかるだろう。そして，彼は私に目的が何であるのか，私のふるまいについての率直な説明をなぜしないのかと尋ねてきた。私は言い訳しかできず，グループの緊張を研究したいという説明ではたぶん私の動機にはとても不十分にしか表せないが，それよりほかに言いようがないと答えた。彼は，質問に対する私の不十分な回答に見切りをつけて，グループの他の1，2人に質問を向け，彼らが私よりは協力的で率直に見えたので，グループからは共感を得られたようであった。しかし私にはグループの一部が彼のリーダーシップに満足していないように見えた。彼を指示しない人たちは，タヴィストック・クリニック委員会が私にグループを任せたことに何らかの目的があるということ，すなわち，これまで彼らの見たものとは逆に私のグループ経験が価値のあるものだと委員会が信じているということに，気づいたようである。

それにもかかわらずX氏は，何らかの成功を収めた。Y氏は，自分が保護観察官であり，価値があると思っているグループに関する科学的知識を得るために来たと語った。R氏は，専門的な関心はないけれど，グループについての科学的研究に前から興味があったという。X氏，Y氏，R氏がそれぞれ自分の経歴を語り，科学的研究がなぜ役に立つのかを説明した。

しかし今，困ったことが起ころうとしている。グループの他のメンバーた

ちが，Y氏やR氏のように協力的ではないことである。さらにX氏がリードしていることに対していくらかの苛立ちがあるように見える。返事ははぐらかそうとするものになり，得られた情報でさえ，本当に望んだものではないかのように見える。会話が次第に散漫になっていくにつれて，この欲求不満の原因が私であると再び感じはじめる。グループが本当に知りたいことは，この現状についての私の考えであり，でもそれがわからないのでグループは代用物で満たそうとしたが，結果的には失敗したと私は述べた。

　私の解釈が受け入れられないのは明らかである。1人か2人のメンバーは，私が説明不要だと思えることをあえて言う理由を知りたいように見えた。私の受けた感じでは，今行っていることについての可能な解釈として，私が示した点はほとんど重視されていない。私の発言は無視されるか，私の歪んだ見方の証明としてしかみなされていないようだった。もっと悪いことには，私の解釈が正しくてもその瞬間になすことのできるもっとも効果的なものであるか私にさえまったくわからないのである。しかし，私は行動を示しているのだから，これから起こることを続いて見ていこうと思う。

　このような露骨な記述は，この時点のグループの感情的な状況を正しく表してはいないと言っておこう。X氏は，彼のリードが悪く不適切だと受け止められていることに困っているようであり，残りのグループメンバーは不満な状態のようである。私としては，私が1人のメンバーとして参加したどのグループにも見られた反応だと言わざるをえない。したがって，それを単にこのグループの特性として退けることができない。グループがX氏をどう思うにせよ，私に対してより深刻な懸念を抱いていることは間違いない。特に私のパーソナリティや社会的関係のための能力，それゆえ期待されている役割への適格さが問題だというようにうすうす感じる。グループのなかではその時間を静観しながら，起きていることに不満があり，それはとりわけその状況をつくった私に対してであり，そうした不満が限界に達しようとしていたので，グループの継続すら怪しくなってきた。私は，グループが不愉快な出来事と私のふるまいに対する耐性のなさから，専門委員会にこのプロジェクトが頓挫すると説明することになるのではな

いかと心配になってきた。私は彼らの様子から、私と立場は違えど、似たような悲観的考えを抱いていると思った。

　張り詰めた雰囲気のなかで、私自身の思いは穏やかでない。ひとつには、最近起こったことで、あるグループがあからさまに私への排除を述べたり、別のあるグループは何も言わず単に私の存在を無視して、まるで私がそこにはいないかのように、ディスカッションから外すことがある。ただしこうした状況を経験するのはよくあることである。この種の危機的な場面では、グループは私を排除して、私が参加しないことで物事を難しくさせようとした。そして忘れられないのは、そのような方法を初めて試そうとしたときに、この実験が私の転任のために終わることになったことである。このような状況は、たまたま同時に起こったのだが、たとえそうであっても、私が扱った患者たちは、どういう理由かはわからないが、この計画を邪魔する試みが行われようとしていると私に絶えず警告してきたのを覚えている。それゆえ、私が述べてきたようなこうした状況のなかでは、いろいろな理由でグループの不満は現実的であり、そしてグループが崩壊に至るのは、いとも簡単であることを信じざるをえない。

　しかし今回は、私の不安は流れを変える新しい出来事によって和らげられた。Q氏がここで論理的な議論をしても、得たい情報を引き出すのは難しそうだし、なぜそうした解釈をしたのかという説明をあえてしない可能性もある。それは、グループ現象の本質を経験するためにグループに任せているという考えに反することになるからだと述べた。結局、私がしたことには、ちゃんとした理由があるはずだとQ氏は主張した。グループの緊張はすぐさまやわらいで、私に対してこれまでにないフレンドリーな態度が表れた。結局グループは私に高い評価を置いたことは明らかであり、そのことで私はグループとコミュニケーションを取らなかったことによって、不公平にグループを扱ったのだと感じはじめた。そして私は自分の行動についてのいくらかの説明に加えて、親しみやすく応じるように態度を改める気持ちに駆り立てられた。そのあと私は、我に返り、グループが単に噂が本当だと言い張っていた以前の状態に戻っていたにすぎないことに

気づいた。そこで私は態度を変える代わりに，グループは私に皆の希望を受け入れて，皆がよく知っている方法を採るように，圧力をかけているように感じると伝えた。私はさらにグループが，Q氏が語ったことを本質的には無視していることを告げた。グループは，Q氏が意図したことを差し替えて，彼が言ったことの一部分だけを強調した。とりわけ，私が自身のおかれた立場をわかっているらしいということである，つまり，グループ内の一個人がグループが期待しているものとは異なる意味を伝えることは難しいということである。

　今回ばかりは，グループも悩み，彼らがそうなるのも当然だということを説明する必要がある。私がグループに参加していることの意味が何であるのかについて，これまで誰にも説明していないのは事実である。それについてさらに言うなら，このグループのなかにいる一人ひとりのメンバーすべてがグループに参加する意味についてこれまで誰も私に説明していない。しかし，グループのなかに居ることでこれまでずっと不愉快であった唯一の人間が私であることを十分に理解しなければならないが，私が抱いたどんな不満もグループメンバーの不満と同じ正当さをもってはいない。グループにその状況のなかでかなり驚くべき矛盾があったことは，私にとってつねにはっきりしていたことである。私がグループに対して価値のある貢献をしているという噂を私も聞いていた。私の貢献の何がそれほど優れていたのか，探し出そうとベストを尽くしたが，少しの情報も引き出すことはできなかった。それゆえに，実際にグループが手に入れたものとは違う何かを期待したくなる気持ちは私にもよくわかる。社会での自分自身の立場がたいていそうであるように，グループに対する私の発言も同じくらい不正確に見えるだろうし，さらに，私自身を除いて誰もが影響や重要性をもっていることもよくわかる。それゆえ私は自分がこれまでしてきたことより，その状況の概要を示す努力をしなければならないと感じる。

　これまでの見解を踏まえて，私が思うことは，私の解釈がグループに不安を与えるものであり，さらに言えば，グループは私の解釈を私のパーソナリティの本質を表したものとして理解しているのである。グループの心

的活動を記述するための試みであることには違いないが，しかしそうした試みとしての私の解釈が疑惑によって曇らされている。私の解釈がほかの何より私自身に光を当てており，グループメンバーたちが彼らが来る前に抱いていたどんな期待とも対照をなしているという疑惑である。こうしたことは，とても困惑させられるが，この種の点を除けば，我々はおそらくグループのメンバーたちは箱のラベルがその中身の良い説明であるということを，あまりに簡単に決め込んでいるということを理解しなければならない。

　我々は今，1つの危機に達したことを認識しなければならない。グループのメンバーたちは私もそのグループの構成員の1人であることで，彼らの期待とは違う経験をすることになったということに気づいたのである。我々は正直なところ，間違った部屋から出ていきたいと思う人と同じで，グループのメンバーたちが離れていくかもしれないことを直視しなければならない。私はこうした説明すべてが正しいとは思っていない。というのも，グループは私の評判を決して受け入れようとしなかったからである。人のせいで間違え，受講をやめてしまいたいと感じている人たちは，なぜ，私のグループに対する寄与についての説明をかたくなに拒否し，抵抗したのか，深く考えるべきだと私は思うのだ。

　こうした状況のもとにある感情的な力はとても強いと言わざるをえない。

　私がある程度特別な知識をもっているグループメンバーの1人にすぎないことと，グループの他のメンバーと変わらないというその客観的事実が受け入れられるとは信じられない。このことに反対する力があまりに強すぎるのである。つまり，ダヴィストック・クリニックが私を指名したことで，過剰な評価と権威の称号を与えたのである。しかしこれを別にして，グループはそこで起こるすべてのことがらに対して，責任をもてるある種の神がいると信じなければ，グループはその感情的緊張に耐えられなかったと私は思う。たとえ，私や他の誰かから解釈が与えられたとしても，Q氏の貢献で見てきたようにグループはそれらを自分たちの希望に合わせて再解釈することが起こりうるのである。したがって，グループ内のコミュニケー

ション手段が極端に希薄で,彼らの行動がかなり不確実であるということに注意しなければならない。いかにもグループのそれぞれのメンバーが他の人たちにとって知らない言語で話していると仮定すれば,誤解は減るだろうと考えるのは当然である。そうすれば,人が話すことはどんなことも理解できると決め込む危険を少なくできるだろう。

グループは他のメンバーたちに対していくらか怒りっぽくなったが,それは憤りというよりは不安である。私が見た感じでは,グループはあるメンバーにリーダーになってほしいと期待しているが,そのメンバーは自分がなりうるという確信をもっていない。さらに,そのメンバー自身が目立たないようにしているので,この印象は強くなる。会話はどんどん散漫になり,グループのほとんどがその体験をつらくおもしろくないと思っていると私は感じた。私に1つの考えが浮かんだので,それを伝えることにした。

私はグループに次のように伝えた。私はこのグループが1人のリーダーが必要だと決めたように見える。そして我々が望むリーダーは,我々が試した別人の特徴に反したある特徴をもっているようである。我々の拒否を判断すると,我々は自分たちが望むことをよく知っているようである。同時に我々のこれまでの経験からして,望ましい特性が何であるかを言うことは難しい。なぜゆえ私たちが1人のリーダーを望むのかさえ明らかでない。グループが始まる時間が決定され,グループがほかに決めるべきことがないように見える。リーダーはその時々のグループの要求を満たすためにグループに効果的な指示を与えることを求められている。しかしもしそうならば,この種のリーダーが求められるということを我々が考えるのはなぜなのか。それは外部の状況であるはずがない。我々の物質的なニーズや外部のグループとの関係も安定しているので,何かさしせまって決定しなければならない状況でもない。リーダーへの望みは,時代遅れのものとしてグループのなかに無駄に機能していて,ある感情の残存物なのか,そのような人物の存在を要求する心の変化があるのだろうか。

私がメンバーの1人であるグループのなかで,どのような様子であるのかについての私の記述が十分であっても,読者はいくらかの懸念や異議を

抱くだろうし、さらに議論するためのたくさんの疑問をもつだろう。現段階では観察のためにグループ経験の2つの特徴だけを抜き出したい。すなわちそのひとつとは、グループのなかでの会話が無益であるということである。社会的交流の普通の基準にならって判断すれば、グループのふるまいにはほとんど知的な内容がない。それゆえどんな仮定条件も事実が述べられたものとして問題にされずに進み、受け入れられていることに気づくなら、批判的な判断がほとんど完全に欠けていることは明らかである。この点を正しく認識するために、読者は自由な判断を用いて、この記述を落ち着いて読むことができることを認識しなければならない。しかしグループのなかではこうした状況ではない。外側にたとえどのように表れたとしても、その状況はとても強力で気づかれていない影響を個人に与える感情で満たされている。その結果として個人の感情はかき乱されて自分の判断を損なう。そしてグループは、後になると錯覚であることがわかるのだが、個人が別の状況ならすんなりと解決できる知的な問題に全力を尽くすのだ。我々の研究の目的のひとつは、グループにおける理性的行動に対する不安を生む現象を整頓することかもしれない。

　私がふれなくてはいけない第2の特徴とは、私がグループに対して行ったことの意味である。もしタヴィストック・クリニックが私に依頼した私の技法についての論理的説明をすれば満足するだろう。しかし、そうしたとしても、不正確で誤解を生むと思われる。私はこの章の流れに沿って、私が何を言い、何をしたかをできる限り正確に述べたい。しかし、私が発言し行ったとグループが考えたこともまた述べておく。このことは、単にグループの精神的な働きを記述するのみならず、自分たちの結論に到達するために、できるだけ多くの材料を提供したいからである。しかしながら私は、そしてグループもおそらく読者も、単に私のパーソナリティに付随して起こったグループ行動に関する私の解釈の一面を強調するだろう。しかしその解釈は、私以外の誰にとっても重要な問題ではないように見える。

2

　私は私に対するグループの態度という観点から，グループ行動についての解釈が不正確であり，的を射ていない寄与だと思われるに違いないと述べて，前章を終えた。グループ内での私に対する批判は，注意深く検討する必要がある。そして，私はこれらの批判を論破することはできないが，何らかの答えを出すことになるだろう。まずはじめにいくつかのグループ状況を検討してみることにしよう。
　我々は円になって座っており，部屋は1つのランプでやわらかく照らされている。一人の女性患者が怒って不満を述べはじめた。

　「あなたがた（グループのメンバーに対して）はいつも私が自分勝手だとおっしゃいますが，もし私が話さなければ，あなたたちは何も言えなくて，そこに座っているだけでしょう。私は皆さんの罵りにうんざりしています。そして，あなた（26歳の男性を指差し，男性はさも驚いた様子で眉を上げた）が一番悪い。なぜいつもよい子のようにそこに座っているんですか？　あなたは何も言わないのに，グループをかき乱している。ここでいつも耳を傾けているのはビオン先生だけです。でも先生は何も助けになるようなことは言いません。わかりました。私は黙っていましょう。私がグループをまとめなかったら，あなたたちがどうするか，見ていましょう」。

別の例。夏の夕暮れに，同じ部屋で1人の男性が話している。

「今，私が不満なのはこういうことです。私はきわめてシンプルな質問をしました。私はビオン先生には賛成ではないので，ここで起こっていると思うことを言います。私は他の方が何を思っているのかを知りたいと言いましたが，どなたか一人でも答えてくれた方はいましたか？ただの一人も答えてくれません。そして，あなたたち女性がそのなかで最低です。ただXさんを除いてね。答えようとしないのなら，いったい私たちはどうやって答えを得ることができるのですか？　私がXさんは例外だと言ったとき，あなたたちは苦笑しました。あなたたちが何を考えているのかはわかりますが，それは間違っています」。

別の例，女性患者が話している。

「皆さんはビオン先生が言ったことに全面的に賛成のように見えます。しかし，私は5分前にビオン先生と同じことを言いました。しかし，その発言が私だったということで，誰も私に注意を向けませんでした」。

さらにもう一例，女性が話している。

「そうですねえ。誰も何も言わないので，私の夢について話しましょう。海辺に立ち，海に入ろうとする夢を見ました。あたりにはたくさんのカモメがいました……そのようなことがたくさんありました」。
グループのメンバーの一人「それがあなたの覚えている全部ですか？」。
女性「いいえ，いいえ，本当に馬鹿げた夢ですから」。

グループはつまらなさそうに座り，それぞれが自分の考えにふけっている様子である。それは，グループのメンバー間のすべてのつながりがないように見える。

私「どうして夢について話すのをやめたのですか？」。
女性「そうですねえ，誰も関心がないように思えたので。私はただ口火を切るために言ったんです」。

　私はこれらのエピソードの一側面だけに注意を向けることにする。まず最初の女性患者は「あなたがたは（このグループの）いつも私が自分勝手だとおっしゃいます……」と言った。実際には，1人の人物がこのように言っており，しかもこの発言は一度だけである。しかし，彼女の言及はグループ全体に対してである。これはグループ全体が彼女に対して自分勝手だと感じていると彼女が考えていたことを明瞭に指し示している。2番目の例で，男性は「私がXさんは例外だと言ったとき，あなたたちは苦笑しました。あなたたちが何を考えているのかはわかります……」と言った。3番目の例では，女性は「誰も私に注意を向けませんでした……」と言った。4番目の例では，女性はグループが関心をもっておらず，自分が主導権を取るのは諦めたほうがよいと感じていた。私は以前に現実と接触をもっている人なら誰でも，意識的にせよ無意識的にせよ，つねに自分に対するグループの態度を評価していることを指摘した。患者グループから抜粋したこれらの例は，同種の事柄が別のグループでも起こる可能性を示している。とりあえず，発言者自身のなかに，自分のグループ内での評価を決める何かがあるのだが，ここではそれについては，扱わないことにする。個々人がもっているグループの態度に対する見解には本人以外は誰も関心がないことが主張されているとしても，この種の評価は，いわば接触感によってもたらされた情報の評価と同様に，彼の精神生活の一部であるということは明らかであろう。したがって，ある人が自身のグループの態度を評価する方法は，たとえわれわれに何ももたらさないとしても，重要な研究対象である。

　しかし，私の最後の例は実によくあることで，グループ内で人々が評価している方法は大変重要な問題であることを示している。それは，そのグ

ループの社会生活の繁栄か衰退は，個々人が行う判断にかかっているからである。

　個人に対するグループの態度というこの概念を解釈の基盤とするなら，どうなるだろうか。我々は最初の部分で，すでにいくつかの反応を見てきた。私が挙げた例では，強調はしなかったけれども，この種の解釈のいくつかの結果を見てきた。しかし，ここで私は1つの共通する反応を述べておきたいと思う。そのグループはさらに私への先入観を表明する。そして，ある時期がくると，グループの好奇心は満たされるが，それには，2,3セッションが必要であろう。そして，グループは今度はグループ内の他のメンバーに先入観をもちはじめる。以前は私に関心が集中していたが，別のメンバーに向けられたのである。グループを納得させる十分な証拠が積み上げられたと思ったとき，起こっている現象についての自分の考えを伝えた。これを行うことの難しさは，私自身への関心から，グループの他のメンバーへの関心への移行が，次のように特徴づけられるからである。それは他のメンバーに対する関心ではあるが，引き続き私に対する関心も含んでいるというサインを示している場合である。この状況は第1章（pp.34-35）に描写されている。そこで，私は他のメンバーへの質問のなかで，グループが本当は私に心を奪われているという解釈をしているところを記載している。記載した種類の移行として，情緒的状況を解釈したならば，より正確だっただろうと思える。

　多くの人がこのような解釈の正確さについて論じている。グループメンバーの大多数が自分に対するグループからの意識的，あるいは無意識的評価によって行動が影響していると確信しているときでさえ，グループメンバーの大多数は，他のメンバーが考えていることはわからないと言うだろうし，大多数は他の誰も信じていないと言うだろう。解釈の正確さは程度の問題であるという意見があるが，この問題は受け入れなければならない。なぜなら，個人が自分の集団の態度を自動的に評価する1つの要素が疑わしいと自覚するサインだからである。もしある個人が自分はまったく疑わしくないと主張するならば，なぜそのように主張するのか知りたくなるで

あろう。グループの態度がまったく疑わしくないときはあるだろうか。あるいは、社会のなかでの行動が賢明であるならば、正確さが根本にある問題について人々が無知であることに我慢できるだろうか。つまり、情緒的な領域において自分の状況を正しく理解しながらも、それは完全なものではないと認識できたならば、グループのなかで個人が経験から教訓を得ていると、私は言うつもりである。

解釈の必然性

　こうした私の理解は、この種の技法を根底から覆すものと考えられるかもしれないが、実はそうではない。解釈という情緒的な経験の性質が明らかにされたが、人間の精神生活の一部として解釈の必然性と、第一義的であることに変わりはない。もしも他の心理学的研究が、集団の研究より有効性が示されたならば、初めてそれは論破されることになるであろう。

　ここに解釈の正確さが問われる1つの反応例がある。読者はこれまで私が述べたことを踏まえて、次に述べる事例の結論について考察してほしい。

　しばらくの間、私が与える解釈をグループは静かに聞いていた。しかし、会話はより一層散漫になっていき、私の介入が求められていないのを感じはじめていた。そこで、私は次のようなことを言った。「この30分間、グループは国際情勢について議論してきましたが、その内容は私たち自身の何かを表していると繰り返し言ってきました。でも私がこう述べるたびに、私の解釈が耳障りで、歓迎されていないのを感じていました。今、私がこの種の発言を続けているので、私があなたたちの敵意の対象であることは明らかですね」。

　私が話した後、しばらく沈黙があり、グループの一人の男性が大変丁寧な口調で、以下のような発言をした。「私はあなたの解釈に対して、何の敵意も感じていないし、メンバーの他の誰も敵意を抱いていないように思えます」。それに、2, 3人のメンバーは彼の発言に賛成した。この発言は

温和で，完璧なまでに友好的な態度で述べられた。そして私は退屈だが辛抱強く関わられている子どものように扱われているように感じると，もう一度解釈すべきだったかもしれない。しかしながら，ちょうど今，私はこの点を考えるようにグループに提案しなかった。とても公平にグループ全体を代表していると思われるグループのメンバーによる言葉，つまり私への敵意の感情を否定したことを，そのまま受け入れることにした。この状況を的確に評価して，グループの全員が私に対する敵意はないと感じているので，偽りなくそのままを事実として受け入れるべきだと感じたのである。

　私はここで，似たような種類の別のエピソードを紹介してみたい。

　グループには，私のほかに3人の男性と4人の女性が参加していた。そして，1人の男性と1人の女性が欠席していた。男性の一人が女性に言った。

男性「先週，行ったあれはどうでしたか？」。
女性「パーティのことですよね？　ええ，それならすべてうまく行きました。本当にとってもうまく。でも，なぜ？」。
男性「いや，ちょっとあれこれ思ってまして。憶えてるかどうか。あなたがそのことを少し悩んでいたから気になって」。
女性（少し面倒臭そうに）「ええ，そうです。そうでしたね」。

少しの沈黙の後，男性は再び話しはじめた。

男性「パーティのことについて，あまり話したくなさそうですね」。
女性「ええ，そうですね。でもたいしたことは何もなかったです。本当にうまく行きましたよ」。

　別の女性が行き詰まったのを感じ取り，会話に参加して，さらに話は進んだが，1，2分でその女性も会話に参加するのを諦めた。沈黙があり，別の女性が1週間にあったことを話しはじめた。その女性は元気良く話し

ていたが，すぐに話すのをやめた。1，2人のメンバーが質問をして，その女性に話を続けさせようとしたが，その質問者でさえ先入観によって重圧を感じているように思われた。グループの雰囲気は不毛な努力で重苦しくなっていた。誰もがセッションを成功だと考えようと決めていることだけは，私にははっきりわかった。もし2人の欠席者さえいなければ，このグループは大変うまく行っていたと私は思った。私自身もまた欲求不満を感じはじめる。グループの1人，あるいは数人のメンバーが欠席したために，直近の2, 3セッションが台無しになってしまったことを私は思い出した。このセッションに参加している3人は，直近の2セッションのいずれかを欠席していた。すべてのメンバーが最善を尽くそうと準備しているときに，グループが台無しになることは，大変困ったことだと思った。無関心やどうしようもない妨害の余地がたくさんあるとき，問題へのグループアプローチは本当に価値があるかどうか，私は考えを巡らせる。努力しているにもかかわらず，会話は時間の無駄に思えた。私は問題を明らかにする解釈をいくつか思いついたらいいのにと思ったが，素材が乏しいために，少しも拾い上げることができなかった。グループのいろいろな人が望みのないといった様子で，私に視線を送る。メンバーはできることはすべてやった，「今度はあなたの番だ」と言わんばかりで，私もまったくその通りだと感じる。メンバーが私に対して，そのように感じさせることの意味を説明する必要性があるかを考えたが，最終的にはやめることにした。なぜなら，メンバーがすでに知っているはずのことを言っても意味がないと思ったからである。

　沈黙はだんだん長くなり，発言はますます役に立たないものになった。私が特にグループの無関心からくる圧迫感や，何かグループの役に立ち，何か明らかにしそうなことを言いたくなる自分自身の焦りの衝動は，ここに出席している他のメンバーももっている感情だと思われる。毎回規則正しく出席できないメンバーがいるグループは，個々の患者の苦痛に無関心で，冷淡であるのかもしれない。

　私は解釈という方法で，何ができるのかを考えはじめたとき，すでに

読者の皆さんには頭に浮かんでいるかもしれない困難に突き当たった。それは「なぜこのグループは我々の仕事に思いやりがなく，敵意があるのだろうか」というものである。その同じグループには，目的をなし遂げようと努力しているメンバーと，さらに2人の欠席者もいることと何か関係しているだろう。私は，単焦点の顕微鏡で一枚の絵を見たときを思い起こす。わずかに焦点を変えると，別の像が見えてくる。私の精神衛生上，推論としてこの方法を使うならば，今は別の焦点でこのグループを見るだろうし，そのとき，私は変わった焦点で見たパターンを描写することになるだろう。

　それらの心理学的問題を解決するために，一生懸命に努力している個人の像は，神経症的患者や神経症的問題に真剣にアプローチしたいと思うすべての人の敵意と軽蔑を表現するために，グループに動かされた1枚の像に置き換えられる。その瞬間，このグループは私には2人の欠席者によって導かれたように思われる。私もグループの一員であるが，その2人の欠席者はこのグループの体験にのめり込むよりも，もっとよりよい時間の使い方があることを示しているのである。前のセッションで欠席していた1人のメンバーがグループを導いていた。私から見れば，このグループを代表するリーダーは2人の欠席者であり，この部屋にはいない。そのリーダーはグループを軽蔑しているだけでなく，行動でそれを表現しているように感じる。今いるグループのメンバーはそのフォロワーたちである。グループのディスカッションを聞いて，私が感じたことを詳細に説明できる自信はないが続けてみよう。

　まずはじめに私が告白しなければならないことは，疑問に対して明確に答える自信はまったくないことである。しかし，私は質問をした男性の一人が変に馬鹿にしたような口調であることに気づいた。こころの顕微鏡を同じ焦点に合わせ続けると，彼の受け答えに対する反応は，私には丁寧だが不信感を表しているように思えた。片隅にいる女性は少し嫌気がさしたようで，自分の爪を見ている。沈黙が生じたとき，以前の焦点で見るならば，その女性はグループがうまく行くように，全力を尽くしていた人である。しかしその女性がもうこの愚かなゲームへの参加を辞めてしまいたい

と，沈黙を破って述べた。

　私の印象を明確に伝えることに成功しているかはわからないが，私自身が最初の例で出くわした困難を解決する方法が見えたように思える。あのとき，グループが私自身や私の解釈に敵対的だとはっきり感じたが，私が説得的な解釈をする証拠のかけらをもっていなかったことを思い出す。実を言うと，私は折り合わない2つの経験をしていた。これはあたかも私が選んだ研究方法がだめになり，最も明瞭な方法で破綻したかのように思われた。個人セラピーに慣れている人なら誰でも，患者グループが解釈を否定することは予見されたかもしれないし，誰もがそのグループが解釈を効果的に否定する絶好の機会を作り出すことは予見できた。しかしながら，もしグループに回避や否定する余地があれば，回避や否定を効果的に観察するための絶好の機会が与えられたはずである。これを究明する前に，先述した2つの事例を用いて，研究に形を与えるようなある仮説を設定して検討していこう。

グループ心性の問題

　グループ内での個人の言動は個々人のパーソナリティだけでなく，そのグループに対する個人の視点をも明るみにするということは，もうおわかりだろう。時には，グループへのその人の寄与が一方のものを他のもの以上に照らしだす。その寄与のいくつかは，個人がはっきりとその意思をもって寄与したものもあるが，なかには匿名でしたいと望む人もいる。グループが匿名で貢献する方法を準備できたならば，上手な回避と否認のシステムができたことになる。私が最初に挙げた例では，個々人の敵意が匿名でグループに寄与していたので，それぞれのメンバーが敵意を感じていることをまったく否定することとなった。われわれはグループがどのようにして匿名に寄与をする方法を作り出すかを見るために，グループの精神生活を綿密に調査しなければならないだろう。匿名の寄与がなされるたまり場，

いわゆる精神のたまり場として，グループ心性（group mentality）を仮定したい。このグループ心性は，メンバーたちの匿名の寄与に含まれる衝動や欲求が満たされる場所である。このグループ心性へのいくつかの寄与は，その他の匿名の寄与の支持，あるいは，他の匿名の寄与への一致を与えなければならない。グループ心性は，グループの構成に寄与する個人がもっている思考の多様性とは対照的であり，画一的であることがその特徴である。さらにグループ心性とは，グループの個々のメンバーがもっている明確な意図に反するものでもあると考えられる。この仮説が有効な機能を果たすことが経験で明らかになれば，臨床観察によって，さらに進んだグループ心性の性格が付加されるだろう。

以下にこの理解を表すグループ事例を紹介しよう。

4人の女性と，私も含めて4人の男性がいるグループがあった。患者の年齢は35〜40歳である。グループは一種のここちよい感じと助け合う雰囲気で満たされていた。部屋は夕日に照らされていて心地よい。

X夫人「私は先週，嫌な経験をしました。映画に行くために順番待ちの列に立っていたとき，気分が悪くなりました。本当に私は失神するか，何か起きるにちがいないと思いました」。

Y夫人「映画に行こうとするなんて，ラッキーだと思いますよ。もし私が映画に行くことができたら，文句は言わないと思います」。

Z夫人「私はXさんの言いたいことはわかります。これは自分のことのようにも感じます。ただ私はたぶんその列を離れたと思います」。

A氏「Xさん，かがもうとされましたか？　かがむと血が頭に戻っていきますよ。あなたは失神しそうだと思ったんだと思います」。

X夫人「本当の失神ではありません」。

Y夫人「私はそういうとき，運動するととても良くなります。それがXさんが言ってることかどうかはわかりませんけど」。

Z夫人「私は意思の力を使うべきだと思います。困ったことですけれど，私はその意思の力をもってないんです」。

B氏「先週，私も似たようなことが起こりました。ただ私は列には並んでいませんでした。家で静かに座っていました。そのとき……」。

C氏「家で静かに座っていてラッキーでしたね。もしそれができたなら，不満を何も言うべきじゃないと思いますよ」。

Z夫人「たしかに家で静かに座っていれば大丈夫です。だけど，私にとって厄介なのはどこにも外出できないことです。Cさんは家で座っていられないのだったら，どうして映画館とかに行かないんですか？」。

しばらくの間，この種の会話を聞いた後，私には次のことがわかってきた。神経症症状に悩んでいる誰もが，何かをするようアドバイスされている。しかし，そのアドバイスをする人たちも，自分の経験は役に立たないことを知っているのである。さらにいえば，神経症の症状をもっていれば，そうしたことに少しも我慢できないということは明らかである。心のなかで，このグループには希望は何もないという疑いが大きくなり，それが確信へと変わってくる。私は個人のセラピストとしての経験から，どういうことを期待していたのかと自問自答する。私は個々の患者に協力する能力がもともとわずかしかないことは，以前から知っていたはずである。患者グループのひとつがこの性質を示したからといって，なぜ私は混乱し，不満を感じたのだろうか？　おそらくまさにこの事実がより精神分析的立場から傾聴をする機会を私に与えているのだと思う。私はグループが続けるこの方法から，「いかがわしい，いかさまの売人は団結する」というモットーを反映していると思った。私はこれを反省するとすぐに，グループの不協和音ではなく，グループの調和への感情を表現しているのだと理解した。私はすぐに，グループがこのスローガンを掲げたのは偶然ではなく，私が知ろうとしたすべての試みは，グループが私と敵対するために結びつけていたのだとわかった。神経症患者は協同（co-operate）できないという考えは修正されなければならない。

　グループ心性の特徴のひとつである，共同作業の例をさらに付け加えることはできない。なぜなら，今のところその例を記述する方法が見つから

ないからである。私が意味する考えを読者によりわかりやすく示すために，いずれこの論文で引用する例で示すことにするが，実際にそのグループで体験していなければ，本質的な理解は難しいであろう。今までのところで，次のようなことが言える。グループ心性とは，個人がグループのなかで匿名で寄与する表現方法である。同時に，グループの一員であることによって成し遂げられる目的の実現に，最大の障害が何かを表すものでもある。

　グループ内で個人が目的を達成するためには，ほかに多くの障害があると考えられるかもしれない。私は物事の早まった判断をしたくないので，さしあたり障害を大変重要なものとは結び付けないことにする。グループが構成されると，構成されたメンバーがそのグループから満足を得ようと望むことは明らかである。また，最初に気づくことは，メンバーが所属するグループの存在によって欲求不満が生まれるということである。グループはメンバーのある願望を満足させ，別の願望は満たされず欲求不満となるのは，避けられないことである。しかし，グループ状況に本来備わっている困難な考えに心を向けさせる。そのような例としては，グループが1つのまとまりを提供してくれるという事実に付随するプライバシーの欠如がある。そこにはグループ心性によってつくられる，その種の問題からまったく異なる種類の問題が生み出されている。

　私はグループについての議論のなかで，しばしばその個人について述べているが，グループ心性の概念を用いることで，個人について述べている。特にグループの情緒的態度の大きな部分を占める2人の欠席者のエピソードについて述べた。2人はグループ心性の貢献者であるが，一方ではグループ心性に何らかの反対も表明している。今，その個人の議論に取りかかることにするので，神経症患者とその問題からは離れることにしよう。

グループとリーダー

　アリストテレス（Aristotle）は「人は社会的動物だ」と述べている。ア

リストテレスが言う社会の意味を理解する限り，この言葉の意味は，人が満足な生活を送るためにはグループが不可欠だということであろう。この言葉で，いつもとても単調に思える仕事を弁護しようというつもりはない。しかし，この言葉は，精神科医は忘れることができないものであり，これを忘れると偏見をもつ可能性があるのだ。

　ここで大事なことは，グループは人が精神生活を行うにあたって本質的なものだということである。これはグループが経済活動や戦争を行うために本質的に欠かせないこととまったく同じことである。31ページに書かれている最初のグループで，私たちは研究のためにグループをもちたいと思ったので，私にとってもグループは本質的なものと言えるかもしれない。たぶんグループの他のメンバーも同じことが言えたかもしれない。しかし，私も含めたメンバーがそうだと認めたとしても，私はそのようなことを認めていたわけではないのだが，グループの精神生活はそれぞれのメンバーが人生を送るために本質的なもののように思える。一時的な欲求，特別な欲求は別として，この欲求の満足はグループのメンバーになることを通して追求されなければならない。

　私が例を挙げて描いてきたあらゆるグループに表れる特徴は，グループが体験する最も目立つ感情が欲求不満の感情だということである。それは満足を求めてやってきた人にとっては本当に不快なものである。このことから生じる怒りは，もちろん私がこれまでに述べた，グループの性質がある欲望を満足させるために別の満足を否定するということを理解する能力がないために生じるものであろう。そして，グループで匿名に満たされたいという希望は，結果的に叶えられることはなく，メンバーには欲求不満が生じるようになると，私は推測している。言い換えると，一時的にグループ心性として区別していたのがこの領域であり，グループが個人に満足した生活をもたらすことに失敗した原因を追究したいと思うのが，この領域である。この状況は逆説的で，矛盾していることがわかるだろう。しかし，私は今，この矛盾を解決しようとは思わない。グループはグループだからこそ与えることができる精神生活の多くの欲求の満足を，個人に与える潜

在的能力があると仮定する。ここでは明らかに，孤独によって得られる精神生活の満足は除かれており，そこまで明らかではないが家族内で得られる精神生活の満足も除かれている。個人の欲求を満足させるグループの力は，グループ心性の挑戦を受けると思う。そのグループはグループの特徴的な文化を精密に作り上げることによって，この挑戦に対抗する。ここで，私は「グループ文化」(group culture) という用語を用いることにする。その言葉には，ある時点でグループが獲得した構造，グループが追及する仕事，グループが選択した組織が含まれている。

　ここでグループがリーダーに固執することの根底に流れている動機について，私が先に述べたこと（p.39）について言及してみよう。その際，記述した状況では，無益に作動している情緒的な残存物か，あるいは，そのときわれわれは定義しなかったが，状況を知覚することで想像される要求の反応のいずれかであるように思われると述べた。その場合，リーダーとフォロワーからなるグループを構成しようとする試みは，私が「文化」と呼ぶ言葉に含まれるその種のよい例である。その定義されていない状況が今話しているグループ心性だと仮定すれば，そのように仮定するよい理由だと思われるが，リーダーとフォロワーという単純な文化によって，グループは個人の欲求を満足させる能力で表現された挑戦を受けようとしたのであった。私がここで提出しようとしている図式のなかでは，グループは個人の欲求，グループ心性，文化の間の相互作用と考えることができるだろう。この3つ組が意味するところを説明するために，ここであるグループで見られた別のエピソードを挙げてみよう。

　患者グループのなかにいた3，4週間，私の評判は大変悪かった。私の発言は無視され，たいてい重い沈黙が続いていた。会話は続くけれども，私が観察する限り，私のコメントで方向が変わったきざしはまったく見られなかった。その後，一人の患者が幻覚の結果と思われるような発言をし，突然狂気の兆候と思われるような様子を見せはじめた。即座に，私は再びグループに受け入れられた。私はこの種の危機を十分に扱うことができ，状況をまとめる良きリーダーとなった。つまり，危機状況を扱える人間は

私しかいないので，それを乗り越えるために，グループの他のメンバーが役に立つことは何でもするというような状況であった。驚きから穏やかな充足感へと変化していったスピードは，目の当たりにしないと信じられないようなものであった。その患者がグループに警鐘を鳴らす前，私の解釈はグループの儀礼的な沈黙のための神託として受け取られていた。しかし，それは使い古された神託のようなものであり，誰も注目すべき内容とは思わなかっただろう。グループに警鐘が鳴らされた後，私は力に満ちた崇拝の中心となった。真剣な課題にあたっている一般人の視点からすれば，どの状況も満足できるものではなかったのである。ある一人のメンバーが神的存在であるというグループ構造は，構築されるにせよ信用をなくすにせよ，非常に限られた有効性を孕んでいる。

　この場合におけるグループ文化は，小規模な神政国家としてほぼ説明できるだろう。説明としてこの表現が重要なのではなく，この場合，文化が意味するものは何かを定義することに役立つ。このように定義した後で，個人，グループ心性，文化について私の仮説が適切に用いられるためには，3つのうち残り2つの性質を定義する必要があるだろう。変化というターニング・ポイント前のグループ心性は，患者間の友好関係，そして私に対する非友好的で懐疑的な態度という条件の下に，個人の欲求がうまく否定されるという性質があった。グループ心性がこの特定の患者，つまり私に働きかけることは非常に難しかったが，その理由を述べる必要はないだろう。この場合，グループ心性やそれが個人に与える影響を明らかにしなくても，グループ文化に関するあるものを示すことによって，グループ内に変化を生じさせることが可能だったのである。

　グループは変化し，外見や行動上はまるで潜伏期の学童のようになった。深刻にかき乱された患者は，少なくとも外見上，かき乱されることはなくなったのである。各々がそれらの状態について述べようとするものの，問題は些細な，あるいは苦痛のない種類のものであるかのように説明された。グループが運動場における形態に類似した文化形態を採用していると示唆できた。これは，グループのある難局に十分適切に対処しているという前

提であるが——それはグループ心性に対処するという意味であり、そう述べはしなかったが——，学童期の子どもを支援するような問題提起ができたのは，まさにグループ文化であった。グループは再び変化して一つのものとなり，私を含む全メンバーが多かれ少なかれ，ある水準にあるように思えた。ちょうどそのとき，ある女性がこの6カ月間におきた，彼女を苦しめているとても深刻な夫婦問題について話し出した。

　これらの例によって，私がグループ文化という言葉で意味しようとしたもの，そしてまた可能であれば，3つ組のうち2つについての解明を試み，ある考えを提唱したいと思う。

　私が思い描く概念によって単純化しようとするためには，読者がグループ状況はとても複雑で混乱しているということを心に留めておかなければ，大きな誤解を生じるだろう。グループ心性もしくはグループ文化と呼ばれる作用は，時々何らかの方法で現れるのである。さらに，メンバー個人が情緒的な状況に巻き込まれているという事実が，頭の回転を鈍くするのだ。

　グループメンバーの2人が欠席したときに述べたように，個人がグループの無感動に抗ってもがいていることが明らかな時期がある。その場合，グループの1，2人の人が起こした行動を根拠に，それをグループの行動だとしてきた。これは一般的に外れた考えではない。それはいろんな子どもが学校の名誉を傷つけたと言われるとき，個人の行動が全体の行動として解釈されるからである。ドイツ人は，ナチス政権の行動に責任があると言われる。そして，沈黙は同意していることだとも言われる。このような方法でグループの責任を要求しても，誰も幸せではない。にもかかわらず，グループが積極的にそのリーダーを拒否しないかぎり，実際にはリーダーについていくと思われる。つまり，実際にはただ1，2人が行動で示そうとするとき，グループがその流れを拒否する兆候がない場合，まるでグループが同じように感じていると言うことは正当だろう。消極的な根拠よりも，より確信的でグループの共犯的なものに信頼を置くのも可能だということである。しかし，さしあたり消極的な根拠で十分だと考える。

3

　前章では，私があるグループで経験したことを説明した。感情的になっている状況は，つねに緊張感があり混乱しているため，「グループで，今，何が起こっているのか」という分析をすることは，グループの一員にならざるをえない精神科医にとって，簡単なことではない。欲求不満を感じることは普通で，大変退屈だと感じるが，グループのメンバー同士が衝突したときだけは，それらの不満や退屈から解放されたと感じることが多い。数週間にわたってモヤモヤしていた状況を明らかにする解釈を私がしたときでも，その後はまた元の不鮮明な状況にただちに戻り，その状態がさらに続いていった。

　この混沌とした状況の正体を見極めるために，私は，自分がその瞬間にどのようなグループの感情のなかにいるのだろうかということを，観察するようにしている。グループのなかで発揮されているリーダーシップのタイプは何なのか，ということを観察することで，少なくとも自分自身は満たされる。以前提案したことがあるように，グループ心性が存在していると考えることが，グループの緊張や不安の原因を解明することに役立つ。私が何を信じてこの説明をしているのかというと，グループメンバー全員の共通した意思表現を作り上げるのは，個々人の無意識的に発せられる意思だからである。このグループ内の心理的な現象が，個々人がグループのなかに入ったときに自分自身の目的を追求することを困難にしていると私は考えている。

私の第3番目にして最後の仮説は，グループ文化の存在についてである。グループ心性と個々人の欲求との間に葛藤が生じているように見えるときの，グループ全体の行動様式を説明するために，この「グループ文化」(group culture) という言葉を使って説明をしたことがある。この概念を提唱せざるをえなかった経験を具体的な例として説明しよう。

　グループに解釈を与えるとき，できるだけシンプルで明確なものにするために，私はグループ心性のような言葉は避けるようにしてきた。そのため，グループ心性を解釈したいときには，「このグループはこの5分間，私がさらに解釈をしようとすることを助けるような言動をした人に対して，その人が不快な気持ちになるように他のグループメンバー皆で団結していたと思えました」といったような言葉を使ってきた。そしてそれは実際にはどういった行動として表れていたのか，その行動が私にグループが一体のチームとなって活動していると考えさせたのかといった事実を説明しなければならない。それは，グループのチームワークがどうやって作り上げられたのかということが解明できなかったとしても，結果として存在しているのであれば説明しなくてはならない。もしこのチームワーク達成の原因がわかったなら，それも解釈してグループに返すべきである。

　グループ文化について解釈するとしたら，「今私たちは皆が平等であるかのように振る舞っている。大人の男性と女性が自由に議論している。異なる意見に対しても寛容な態度で，意見を表現する権利の有無にはこだわっていないかのようなふるまいを皆が見せている」と言うだろう。

　あるいは「個人」に対しての解釈は「グループのある人は困っていますね。彼は自分の問題を取り扱ってもらいたいけれど，もしその要望を貫き通すと，他のグループメンバーとのトラブルに発展してしまうのではないかとも感じています」といったものにするだろう。

　私がこの最後の例を取り上げたのは，最初に取り上げたグループ心性の例で説明した内容と同じような状況だということを示したかったからである。それ自体の重要性が問題なのではなく，精神科医は，どの説明が最も明確に自分の状況を言い表しているのかを判断して，それをどういった言

葉を使ってグループに解釈として説明するのかを決定しなければならない。

どのような解釈をどのような言葉で伝えるのかは，重要ではあるが，これ以上はここでは述べないことにする。それは本で紹介するには難しすぎるからだ。「解釈は具体的な言葉と十分で正確な情報で説明されなければいけない。その説明のなかには，精神科医の専門性や理論的な概念を含んではいけない」ということを読者がすでに理解しているものとして，この先を進めようと思う。

「グループ心性」「グループ文化」「個人」の3つの概念は相互に影響しあう現象として存在しているが，この3つは実際の場面ではどのように働いているのだろうか？　グループの反応というものは厄介で，一定しないということがわかった。前述したような解釈をした後，その解釈に続くグループの反応は，あるときは論理的な発展につながったこともあったが，混乱してまったくそぐわない状態になったこともあった。そのグループの変化に，私はグループからあたかも置き去りにされたかのようになり，その状態は私の考えうる理論のどれにも当てはめることができなかった。そのグループは適応範囲外だと感じるか，その代わりに，グループは大した意味もない状況の側面にこだわっているだけだと感じるかのどちらかだった。

具体的な例をここで挙げられたらよかったのだが，残念ながら，実際にどのような状況のグループで私がどのように解釈したのかということは記録できていない。私の理論が使い物にならなかったのは，言葉によって明らかになるものではなく，グループ全体の情緒的なものによってわかることである。そのため，ここでは私の主観的な見解に頼っていこうと思う。

解釈の影響は一定しないというように先ほどは述べた。しかし，何度かのグループを経験した後，数種類のパターンの行動が繰り返されているのではないかと思うようになった。典型例の1つ目として，グループメンバーのある2人の議論になるということがある。この2人のやりとりは，明確な2人の交流であることもあれば，「ぼんやりとしていて指摘して説明するには困難ではあるが，2人の会話でなかったとしても互いを意識してい

て，グループ全体も一体となってそれを意識している」ということもある。このような場合，グループ全体は静かに暖かく見守る姿勢を見せる。神経症患者にとって，自分の問題に注意が向いていない状態は普通であれば苛立つであろうが，そうでない状況になっているということは少し驚きだ。グループのなかの2人がこのような関係を作りはじめたとき，グループ全体としても該当するつがい（pair）〔訳註：原文の"pair"は文意によって「つがい」「2人」と訳し分けている〕としても「つがいの関係は性的なものである」という基底的想定（Basic Assumption）として捉えられる。このときに取り上げられるつがいは異性同士であっても男性同士，女性同士であっても同じことである。「つがいの人間のつながりは性に関連するもの以外では成り立たない」かのような想定である。

このような状況にグループは寛容になり，つがいが微笑みあっていることを知り，このつがいの交流が際限なく続いていくことを許す準備を始める。例外はあるだろう。グループの他のメンバーが何か言いたいことがあるかもしれない。だがその例外もそれほど多くないと想像される。

ただし，グループのなかのつがいが性に関連するもの以外のさまざまなことを目的にしたいと思うのは当然である。その場合には，彼らが意識的にもっている実現したい目的と「性によってのみつがいの交友は成り立っている」という基底的想定に基づく感情との間に葛藤が生じることとなる。

その結果つがいの間には沈黙が流れる。もしも理由を問われたならば，彼らはいくつものもっともらしい良い理由を答えることができるだろう。「会話を独占したくない」や「話したいことはすべて話し終わった」などと説明するだろう。これらの説明の妥当性を否定するつもりはないが，付け加えたいこととしては，つがいの交友がグループの基底的想定と一致しないということがわかってきた，あるいは，グループの基底的想定には一致しているが，一般社会で取るべき行動という観点に違和感があるということが，理由にあるということである。

精神分析も含まれるような，二者の関係性に関連する研究手法を用いたことのある人は誰でも，1人の心をもう1人が一方的に研究するというこ

とに参加しているだけでなく，グループの思考方法ではないがつがいの対としての思考を研究しているということになる。もし，私が観察したグループの基底的想定が正しいとしたら，「性が感情の一番の中心を占めていて，その次点に多少の他の感情がある」ということを論証している研究があったとしても驚くことではない。

　もしも，この一対の人間についての基底的想定が「つがいは性的な目的のために出会った」ということであったとしたら，それを取り巻くグループとして出会ったメンバーたちの基底的想定は何なのであろう？　それは，そこに集まった人たちの目的はグループを維持することだということである。グループにとって欠席者がいるということは，グループの結束に危機感を与えるものであるため，欠席者がいるときにその話題ばかりに没頭したり，出席しているメンバーは出席しているということだけで価値があるという主張に没頭したりして，議論が退屈になるのはよくあることである。このようなグループに慣れていない人は，一般的には知的だとされている人々のグループだったとしても，こういった限定された話題のみで，情緒的に満足しているかのように議論が延々と続くことに驚くかもしれない。グループの質が悪くなるかもしれないということは誰も気にしない。それどころか，グループはただ時間を消費しているだけだという異議や，話題を変えようという提案などは不適切だとみなされる。ただグループの存続の危機に関することのみが重要である。グループの外では，時には内部でも，個人がグループでの時間をどう過ごすのかということは，メンバーのグループへの所属欲求の強さによって左右されると信じられている。少し時間はかかるが，グループのなかでは個々が消滅して，グループになることが目的ということに執着した感覚に支配されるようになる。

　2つ目の点としては，グループが「闘争－逃避」（fight-flight）のたった2つの自己維持技法しかもっていないように振る舞うパターンである。どのような集団でも，集団として機能しているさまざまな機会にこの「闘争－逃避」は表れ，時にはそのうちの1つのみが出現し，この2つの技法ですべての問題を対処しようとするほどの頻度で表れた。あまりにも多く観

察されたため、私ははじめ、この基底的想定はグループになるために存在しているのではないかと疑った。「グループはグループを維持するために集まる」という説明と同じように、「グループは闘争－逃避を行うために集まっている」というのが基底的想定だと説明できる根拠を臨床場面の観察は与えてくれた。闘争－逃避の形を取らない言動を受容できないグループは、なぜ、それにもかかわらず「つがい」の形は同時に受容するのかという疑問について、グループの維持という仮説で説明をすることができる。復元というものはグループを維持しているなかでの闘争－逃避と同じ意味をもつものである。

闘争－逃避に没頭している状態は、そのグループを他の活動から遠ざけている状態であり、または、それができないのであれば、他の活動を抑圧するか、そこから逃げているかである。つがい基底的想定下でも同じだった、適切な行動と基底的想定との間に発生する葛藤と同じように、闘争－逃避の基底的想定下でも同じような葛藤が起きる。

グループにおける基底的想定からはいくつもの補助的な想定が派生し、そのなかのいくつかは本来の基底的想定の内容に近い。グループにおける個々の感情や幸福というものは優先順位が低く、グループについてのことが優先される。逃避環境のなかでは個人の存在は見捨てられる。最も必要とされているのはグループで、個人ではない。

グループの基底的想定は、「グループとして集まったのは、何らかの創造的な働きをするためだ」という考え方、特に「メンバーの心理的な問題を取り扱うためにこのグループは存在している」という考えとの間に葛藤を生じる。グループが継続している間は個人が幸福を感じているかどうかは問題にならない、という考え方になるだろう。または、神経症の対処法は、神経症と戦うか、神経症の患者から逃げるかの2つしか存在していないという考え方、もしくはグループの存在自体への直接的な反抗を見せるだろう（私が行っている治療法は、そのようなグループの参加者には効果があるというようには認識されていないであろう）。

私たちすべての人間はグループのなかに生きていて、グループというも

のが何を意味しているのか，無意識的にだが多くの経験をもっている。

　グループを用いた私の試みを批評する人は，グループでの治療は個々人に対して親切でないと感じているか，もしくは，個々人の問題から逃げ出す方法を与えていると感じているのだとしても，驚きではない。群れを作る習性のある動物としての人間が1つのグループを選ぶ場合，何かと戦うためか，何かから逃げるためにそのグループに所属したのだということが想定される。

　そのような基底的想定の存在は，なぜグループは私のことをグループの秀でたリーダーと思っているにもかかわらず，同時に，私がその仕事を放棄しているかのように感じているのかという疑問に対して，説明を与えてくれる。そのグループのなかの適切なリーダー像というものは，誰かを攻撃するためにグループを先導するか，逃避へ導くかのどちらかである。この流れのなかで，私が取り上げたいことは，ノースフィールドの軍隊病院で私がリックマン博士とともに軍人たちの治療実験を試みたときに，私たちがその軍人たちを戦いのなかに入れようとしているかのようだと，または，多くの職務放棄者の職務放棄を助けているかのようだと受け取られた。治療の内容はよく計画されたものだと見せかけていたが，簡単に見破られた。実際に戦うわけでも逃げるわけでもないリーダーでは簡単には理解を得られないということを，私たちは学んだ。

　グループ心性，グループ文化，個人といった視点に基づいた解釈に対しての反応からわかることとして，私のこの理論は不十分だという結論に，私たちは到達した。つがいの関係性やグループの関係性の目的についての基底的想定が存在するということが，再実験で明らかにできた。基底的想定という希望に導かれ，私はグループ心性という概念を次のように修正したいと思う。

　グループ心性とは，グループの意思の集合体で，個々人の無意識の寄与によって成り立っていて，彼の考えや行動が基底的想定と一致しないことがあれば，そのたびに不快なほどに影響する。このように，グループ心性は相互作用のシステムであり，グループ生活と基底的想定が一致するよう

になっている。

　グループ文化は個人の欲求とグループ心性の間の葛藤に影響を受けて成り立っている。

　そのことから，グループ文化はつねに基底的想定を内在化している兆候を示している。私がすでに説明した2つの基底的想定に，さらにもう1つを加えなければならない。それは，グループが依存している1人の人から安心を得るためにグループは集まっているという基底的想定である。

　前述した記録（第1章）で，グループが私に期待したことと，実際の発見との違いがグループの当惑につながったことを述べた。一般の授業や演習のような適切な方法論が確立された形式でグループは進められていくべきであるのに……ということをグループは不安に思っていた。それぞれの個人は，グループやそこに付随する緊張感について学ぶということをわかっていたにもかかわらず，グループに入るとそういったものを学ぼうとする活動が発生しているようには，私には見えなかった。私の代わりのリーダーが生まれたことがあったが，間もなく彼もまた不要とされ，すぐにまた元のように私に献身を尽くし，私の先導を以前と同じように不本意ながらも認識または受容している姿勢を見せる。私はグループが私をグループから排除したいという欲求をもっていることも説明した。他の場面で，似ていないわけではないが，あるグループメンバーが「いくつかの試みがグループを妨害するためになされていた」ということを私に言った。その場面で，私が言ったことは，「グループはメンバーたちに自由がないほどに先導してくれるリーダーか，または，少なくとも私に自由を見つけさせないように先導してくれるリーダーを求めています」ということだった。

　私の再考した理論では，以前よりも状況のよりよい理解を可能にしてくれたようであった。私が行う説明や解釈に，先ほど取り上げた概念を関連づけることができたら，私の説明や解釈はより強いグループの結束につながるだろう。

　第1に，このようなグループをトレーニングとして用いることは，知的で理性のある行動で，グループを維持させることにつながり，個別の希望

をかなえたいという個人の目的を適切な方法で実現させる。一時的にはグループは個人の意図した要望を完全にすることを助けるのではなく，反対に妨害しようすることがあるが，そのようなグループの状況を違う状況に動かすような試みを私がしなくても，グループは自然と個々人の欲望をも満たしていく。

　私の理論で言うと，このグループの目論見が失敗すると，闘争もしくは逃避をするためにグループは結集しているという基底的想定がグループに出現しはじめた。

　このようなグループの出現とともに，私が発揮してきたリーダーシップは，リーダシップとしてもはや認識されなくなった。妨害行為に対しての警告をする場合，もしも私がグループから期待された通りのリーダーだったとしたら，このようなグループに必要不可欠な敵というものの存在を認識するようにというグループの挑発を理解しただろう。もしも戦うか逃げるかのどちらかしかできないとしても，何と戦うのか，何から逃げるのかという"敵"の存在を見つけなければならない。

　そして私の代わりのリーダーもまた失敗したが，そのときのグループは少し独特なものだった。私の経験のなかで，患者グループのみならずほとんどのグループでは，自分たちを満足させてくれるよりよい代わりのリーダーを探すことができていた。通常それは性別にかかわらず，パラノイア的な素質をもち，グループの敵を簡単に探してくれる人だ。もしもグループにとって敵となりうる存在が速やかに見つけられない場合，リーダーそのものが敵となることが，グループにとっての最善策なのである。

　過去に私が経験したグループを振り返ると，これらの経験と私の再構築された理論の間に矛盾は生じていない。これから，どのようにこの理論を実際の場面に取り入れていくのかということに移ろう。

　治療がどのように不快な感情をグループメンバーにもたらしたかを説明するために私が解釈をしたとき，グループに何が起きたのかということについて説明する。私が解釈をすることで，グループメンバーは，「自分たちの良いグループが，セラピストに脅かされている」と感じさせられる。

そのときの私の解釈はあるグループメンバーY氏の言動に関連して展開していった。彼女は私が言ったことを聞き流し，あたかも私が何も話さなかったかのように自然に振る舞った。数分後，再び同じような内容の解釈をもう一度私がしたときもY氏は同じように振る舞い，それは再度続いた。そしてグループは沈黙した。Y氏が私の解釈をなかったことのように振る舞ったとき，私はグループがグループとして1つになっていることに気づいた。それは疑うべくもなかった。私の3度目の解釈の後，グループが1つになっているだけでなく，これが私の介入をこれ以上させないためにグループが動いているということに気づいた。グループの他のメンバーであるX氏の態度からも，直接は何も話さないけれども，そういった決意の感情を受けとることができた。X氏は男性で，強い憎悪の感情の持ち主で，自分の攻撃性に対して不安をもっているような人だった。彼が発言をするのは，グループがつがいの基底的想定をもっているときか，グループの依存が十分に満たされているときのみだった。そのどちらの場合においても，発言はするものの，彼の話し方は遠慮がちだった（少なくとも彼が後に成長をするまでは）。グループがグループとして一体となって私の介入を拒絶する間，彼は沈黙し，その状態に深く満足しているような印象を，私はこの時点で感じていた。

　この沈黙の間，他のある患者もまた深く情緒的に満ち足りている経験をしていることに気づいた。先ほどのX氏ほどの存在感はなく，むしろ彼に追従しているような姿勢を示していたM氏である。M氏はX氏にずっと注目したまま座っている。時々彼は他のメンバーのことも思慮深く見つめ，誰か自分と目を合わせようとしている人がいないか，確認しようとしているかのようである。彼が自分が直面している問題について話すことはとても稀で，話すときは，自分は裏表のない純粋な性格で誰のことも傷つけるつもりはないという様子を見せて，グループを勇気づけようとしているかのようだった。ただ，それが彼の目的だとしたら，その目的は失敗に終わっていて，彼の言動は注意深く選ばれた研ぎ澄まされたもののようで，違った意図をもっているように周囲に見せていた。なのでこの間，彼が目

配せして会話に誘っても，誰も彼の誘いには乗らず，無視されていた。

　J氏（女性）が彼女の職場で直面したちょっとした苦痛の経験を語りはじめた。彼女が話し終わったとき，彼女は自分の行動に対する不確定な解釈を端的に付け加えた。そしてさらに実際のエピソードを説明しようとしたが，途中で，グループが見せていた石のように固い反発の雰囲気に逆らうことを諦めた。そして，これ以上言いたかったことを続けることは自分勝手なことだとでもいうように，沈黙した。

　次にH氏（女性）が沈黙を破ろうとしたが，少し話したのみで屈してしまった。

　しばらく沈黙が続いた後，私はJ氏（女性），H氏（女性）のこれまでの働きについて取り上げた。彼女たちが試みたことは自分たちの困難さについて語ることで，今の状況から抜け出そうとしたことで，彼女たちの言動は，私やグループの一部のメンバーを助け，グループのもつ険悪な雰囲気をどうにか断ち切ることができると信じた結果だった。沈黙というのは，グループの険悪さを表現したものでもあり，グループのなかでは生産的な活動は行われないという事実にグループが気づいているということを表現したものでもあろうと，私は思う。

　これらは情緒的な動きを説明したもので，言葉で十分に伝わるように説明をすることは容易ではない。これらが，私がグループがグループとして1つになったと言ったことの具体的なエピソードである。このようにグループの凝集性が高まってくるとき，それは家族として人々が生活するときにも表れることの一部のようであるが，決してこのようなグループと家庭がすべて同一なわけではない。このようなタイプのグループでは，そのグループのリーダーは父親のような存在から遠くかけ離れていることがある。後ほど説明するある情緒的に特徴的なグループでは，リーダーの存在は父親的であるが，そのグループのなかで親になる素質を見せている人は，すぐに，通常の父親や母親がもっているような地位や義務や権利はグループのなかでは付随しないということを発見するだろう。精神科医としての私は親になる素質をグループに期待されているが，この時点での私の

グループのなかでの立ち位置は他とは違う状態になりつつあり，グループからの期待が私を排除する理由のひとつとして作用する。他の理由としては，私の言動がすでにグループに浸透し，私をグループの敵にすることでグループは結びついているという事実のためである。個人の欲求が満たされることをグループは一番大事にしないといけないなどと考えるメンバーは排除しなくてはならないという基底的想定をグループがもっている状態のときには，精神科医の私は特別な権力をもっているべきであるとされていて，つねに描かれた絵のようであることを求められている。

X氏はこの状態のグループでは特に発言する必要性がなかった。彼はグループと一体になっており，彼が罪悪感をもっている破壊的な憎悪は，グループの闘争－逃避の基底的想定にそれらの感情はこのグループに適切なものだと認められていた。

M氏はある興味深い役割を演じた。私はそれを注意深く観察する必要性があることに気づいた。私がグループにも理解されたひとつの解釈をする前，私はM氏の表情や彼がアイコンタクトを送って，グループへの参加を呼びかける際の順番を観察していた。それはオーケストラの指揮者の様子の無音画像を見ているかのようだった。彼はどのような音楽を引き出したかったのだろうか。彼のそういった行動はグループの戦闘行為を継続させる役割を演じ，この状況をどうにか打破するためのヒントが含まれていた私の解釈の重要性には誰も気づくことができなかった。

さらに詳細な情緒的な特徴について注意を向けていこう。次のような特徴があった。個々人が自分の困難さについて説明し，援助を求めるような発言は無視または反発され，グループを意義のあるものとして成り立たせようとする試みもまた似たように取り扱われる。ほんの小さなものではあるが，メンバー同士の間に理解しあう気持ちがあったように思われ，グループのなかで発生したすべてのことは，1つのグループとしての働きのなかで発生したことだと言える。個々人のことについての説明としては次のようなものが挙げられる。たとえば，M氏については，M氏のグループの他のメンバーとのコミュニケーションはジェスチャーによるもので，その

たいていが非常に細かいちょっとした疎通である。コミュニケーションというものは，他者からは認識されないような形式で行われることもあるということを付け加えておきたい。特に，観察という手法で察知することには限度があるためである。

　私の解釈による介入は無視されたままだったという表現は適切なものではないかもしれない。私が言ったことが受け入れられたのかもしれないと感じさせる何かが存在しはじめていた。ただしそれは表面化にはほど遠く，1枚のとても薄い防音ガラスの裏に私だけが存在しているような感覚は続いていた。私の解釈がグループに何の変化のかけらも生まない状態であるということは確かで，グループが終わるまでの30分の間，無反応状態のままであった。読者も想像している通り，私もまたなぜ無反応なのかということを自問しなければならなかった。理論が間違っていたのか，私がグループに行った解釈が間違っていたのか。事実として，精神分析の場面で似たような経験があったことを，私は思い出していた。患者からの希薄な反応が，実は不完全なものだったということが後続のセッションで明らかになったことがあったのだ。

　今回のケースでは実際には何が起きていたのだろう？　この次のセッションで，グループはつがいの基底的想定状態になっていると，私はグループに伝えた。このつがいのグループについて，ここで深く説明をするのは避けようと思うが，何をここで明らかにしたいのかというと，あるグループの文化が，どのように他のタイプの文化に変化するのかということである。先ほどの例のなかで，私が行った解釈の影響はセッション間の休憩の間に作用した。変化が訪れたセッションについて，ここで説明しよう。ここでは，闘争－逃避のグループからの変化が起きた場面を取り上げる。

　そのグループでは頻繁に闘争－逃避の状態になる。この場合のグループの文化はメンバー同士，互いにとてもイライラしていて，このような状態のなか，ある男性が私に対して話しかけはじめた。この行動を「意味がない行動だ」ということは適切ではないだろう。なぜなら私が答えるべき内容の質問を含んでいたからである。少し話した後，彼は止まった。それは

あたかも、言葉以外で言いたいことを伝える技術をなくしてしまったことに彼が気づき、それが明らかになった場所にいつづける努力をこれ以上したくないようだった。彼に続いて1人の女性も同じように行動した。2人ともに、危険な実験に成功したかのように満足気な様子を見せた。2人のそれぞれが他のグループメンバーのある2人に対しても、このような行動を取った。このとき、他のメンバーはこの2人の開拓者とできるだけ同じように会話しようと試みていたが、もはや会話の内容に意味がないことは明らかだった。

　もしもこのような行動を精神分析のなかで見たとしたら、「患者は、安心したいという不安をもっているという性質がある事実を暴露せずに、私と仲良く話ができる関係を作ることで安心したがっている」と、私は考えようとするべきだっただろう。

　グループのなかでも同じような解釈ができただろう。しかし、もしこれらの行動が正確にその時点の感情の手がかりとなりえるのだとしたら、解釈は個々人の現実生活での背景をも考慮されたものでなければいけない。私は彼らの行動を、グループによる操作の結果だと解釈した。つまり、彼らは闘争－逃避のグループ文化を、つがい関係を作ることによって壊そうとしているということである。そのための第一段階として、私への働きかけを始めた。なぜなら私はグループのもつ闘争－逃避の文化からあまり強い影響を受けておらず、闘争－逃避の文化に沿った反応をしにくいことを彼らは経験的に知っていたからであろう。他のメンバーが同じように行動したこともその段階のときである。そしてこの時点からグループがつがいの目的のためのグループと変化するまでには、ほとんど時間はかからなかった。この状態になってからは、グループで個々人の問題を取り扱うこともできるようになった。

　前述したように、グループにどのように変化が訪れるのかということを例に挙げて説明していきたいと願っていたが、このエピソードを説明することで、グループの文化が1つのものから違うものに変化し、再度元に戻る際に、個人には何が発生するのかということを明らかにしていきたい。

このグループは，闘争－逃避の文化でいつづけることに対して，欲求不満に悩まされてきた。しばらくの間，つがいのグループ文化でいることに対して歓迎し，安心感を抱いていた。しかしそれが長く続く前に，このようなつがいグループでいることに対してもデメリットがあることが明らかになった。まず1点目として，グループは満足のいくところに私を位置づけられなかったのである。闘争－逃避グループでは，この基底的想定があるために，私の言動に対して，個々人で注意を払うことが難しかった。つがいグループでは，つがいの基底的想定があるために，メンバーの誰かが私と会話を続けるということが困難になったのである。それはどのつがいの会話でも続けることは難しかったが，セラピストである私という存在は特別なものとしてあるため，私との会話がより一層困難なものとなったということである。精神療法の理論に馴染みのある人は，会話が進むにつれて出現してくるこのような困難を理解するだろう。

　闘争－逃避文化のなかでのグループの反応はパラノイア的な素質のある個人を目立たせる傾向があるということを前述で説明した。これと似たような兆候は他の文化をもつ状態のグループにおいても出現する。ひとたび誰かが，グループの基底的想定が違うものへと変化していることに気づいたら，この変化は臨床的な観察に利用することができるようになる。

　これまで述べてきた2つのグループ文化における困難は，精神科医によって作られる。なぜなら，精神科医の役割はグループの基底的想定が期待するリーダー像に簡単には当てはまらないからである。だから，セラピストが発信するものをグループは準備がなされないままに受け取ることになる。そしてセラピストはグループからの反応が返ってこないということを経験する。セラピストは，解釈が拒否される原因にはいろいろな要因があるが，その一部にはこれらのことも含まれるということを心にとめておいたほうがよいと，私は思う。セラピストの存在が高く評価され，グループに受け入れられていると自身で感じたとしたら，セラピストが発揮しているリーダーシップがグループの基底的想定に従って対応しているからなのではないかということを，自問自答しなくてはならない。

ここで，先ほど述べた依存グループのグループ文化について触れていきたい。
　依存グループのもつ基底的想定は，未熟な生物に安全を供給するための特別な役割を担う存在がいるということである。つまり，1人の人物がつねにグループの要求に応えるために存在していて，それ以外のメンバーの欲求はつねにその人物によって満たされているということを意味している。グループ文化がこの依存の状態になり，それまで経験していた他の2つの基底的想定に取って代わったとき，先ほど説明したグループが闘争－逃避グループからつがいグループに変化したときに感じていたのと同じような安心感を，依存グループでも経験する。文化が確立されて強固なものとなってくると，個々人は再び居心地の悪さを見せはじめる。よくある特徴的な現象としては，貪欲さに対しての罪悪感が表現される。よく考えると簡単に想定される結果だと思う。闘争－逃避の文化やつがいグループの文化においては，個人に対しての関心は低く，闘争－逃避やつがいの言葉の意味を超えて何かを成し遂げなければいけないということは個人には求められておらず，ただ，グループとしてありつづければよい。しかし，依存グループを存続させるためには，それぞれの個人は親からの庇護を，貪欲に個人で規定している言葉以上のものとしてつねに求めつづけることを要求される。そこで，グループの基底的想定と，個人の大人としての要求の範囲との間に確執が生まれ，グループは立ち行かなくなる。他の2つのグループ文化のタイプのグループの対立は，基底的想定に求められている個々人の大人としてのあるべき姿と，個々人が大人としてグループの基底的想定に応える準備ができている程度との間に発生する対立だった。依存のグループ文化のなかでは，精神科医がある種の親のような立場であるという感覚がもたれ，想像されるように，そこから混乱と困難は始まっていく。依存状態に落ち着きはじめる頃には，それまで見られていた安心感のように，憤りや腹立たしさの感情が目立つ表現として表れる。性にまつわる困惑も，つがいグループで見られたものとはまた異なったものとなる。怒りや嫉妬といった表現はより気軽に表現されるが，闘争－逃避グループでのそれと

は違って激しさはなく，恐怖心を掻き立てられるものではない。もちろんその理由は，グループに存在している基底的想定のために，依存グループのなかでは，個人に責任がないため何か予期せぬ出来事が起こったとしても，誰も何もできないので，そういった出来事が起こらないように誰かが見張っているという基底的想定があるためである。闘争－逃避グループのなかでの憎しみという感情には安心感は伴わないが，依存グループのなかでは，憎しみやそれに類似するような感情はリーダーには存在しないと思われているので，ある種の安心感がある。感情を自由に表現することができるので，そこに慰めがあるが，感情を自由に表現したいという欲求と，分別のあるきちんとした大人だと思われたいという欲求との間に葛藤が生まれる。

　授業や演習の一環としてのグループを見たいと言ったとき，次のような理由があった。無意識的な不安として，グループが構造的に熟考されたものに固定されていないと，これまで説明してきたようなグループの情緒的な交流に容易に飲み込まれてしまうのではないかということと，個々人の表面的な目的が，グループとして１つの集団を作り上げるのを邪魔してしまうのではないかということである。この衝動が生まれたのは，治療的グループは，それを治療のためのグループと呼ぶにまさにふさわしいからである。治療的グループについては，それを一般のグループと同じように考えるのではなく，治療的グループとして考えるのが合理的であり，精神科医をリーダーとして位置づけ，神経症の症状についてのみ話題にし，誰にも見張られず，考え方や正しいふるまいを教える。そのようなやり方が，グループをグループとしてつなぎとめ，恐れているような状態にならないようにする合理的な方法であると考える。

▼註

1──序章（pp.15-28）。

4

　前章において，患者がある先入観をもってやってくること，それがグループのふるまいを洗練された水準に保つための構造の基礎となっていることについて述べた。先入観とは，グループが医師と患者により構成されている，というものである。
　委員会のような集会に人々が集うときには，議事進行上の規則が確立されており，通常は議題がある。作業を遂行する様式はグループにより異なる。私が精神科医として参加するグループにおいて，立場上，議事進行上の規則を決定する権限をもっていることが最も明白な人物は私である。この立場を利用して，私は，一切の議事進行上の規則や議題を定めないことにする。
　それが明らかになった時点から，グループは私を除外しようとしはじめる。その熱心さは，効率性への情熱以上のものである。グループの自己保身にかかわるこの現象こそ，前章に述べた「闘争－逃避」「つがい」および「依存」の基底的想定グループの徴候にほかならない。予防策が講じられなければ，グループは，いとも容易に，かつ自発的に，これらの基底的想定に沿って活動するのにふさわしく自らを構造化する。グループはそのことを自覚しているかのようである。学生グループが洗練された構造化のために演習や講義から得た発想を用いるのと同じように，患者グループの構造化は，病としての神経症的無能力や，「医師」としてのセラピストという，一般に認められた慣習に基づいて行われる。

依存グループ（baDグループ）

　グループはまず，医師対患者という観念の確立に注力する。グループは，特別に課せられた厳格な規律に従う。それは，患者が医師に話しかけているという見解を支持しない会話や話題を注意深く制限することである。そのようにして，グループは，状況が慣れ親しんだ不変のものであるとの観念を確立する。

　一般的に，この時点でグループは，尊敬に値する唯一の存在が医師であることを強調する。同時に，グループは，彼が医師としての自身の仕事を知っているとは信じていないことを，そのふるまいによって示す。精神科医自身がその権威を主張することで洗練された構造を回復させなければならないと感じているならば，慣れ親しんだ状況を必要としているのは患者だけではないということになる。洗練された構造の保持は，構造が単に不安定で容易に転換しうるという印象と結びついている。グループがこの問題と格闘する様子を観察していると，文明そのものが危機に瀕しているという，近年よく聞く警告を思い出す。リーダーにとって問題はつねに，個人がグループの一員でありながら個人としての自由を保証されるような洗練された構造を危険に晒すことなく，基底的想定に関連する情緒をいかに動員するかということにある。この緊張のバランスこそ，グループ心性，グループ文化，そして個人の間の均衡として前述したものである。

　すでに述べた通り，洗練された構造のための医師－患者という基盤は，間もなくその欠陥を露呈することになる。理由のひとつは，それが依存グループの薄っぺらい偽装にすぎないために，その種の基底的想定グループに関連する情緒的反応がただちに喚起され，洗練された構造が大いに衰弱してしまうという点にある。

　なぜそれが問題なのだろうか。前章（第3章）において，いくつか不快な状況に言及したが，ここでさらにいくつか検討したい。依存グループは，一人の人物を持ち上げるという特徴のために，野心家や，自分の発言に耳

を傾けてもらいたいと願うすべての人にとって，困難な状況を作り出す。というのも，そのような人物がリーダーのライバルという立場に置かれるためである。もはや利益はグループからは得られず，ただリーダーからのみ得られるように感じられ，その結果，リーダーに話しているときにのみ治療を受けていると感じるようになる。このことが，求めるものに対して与えられるものが少ないとか，騙されているとか飢えているといった，さらに不快な状況を導く。精神科医が個々人を治療しているとの考えから得られる安心感は，治療が一時的な心地よい体験とは異なることを知っているグループにおいては，確信のもてるものにはならない。各人が精神科医と話しているときにのみ治療を受けていると考えるために，全員が，セッションは最も不経済で非効率的なもののように感じる。このような印象は，グループがその不愉快さにもかかわらず固執している依存的な構造について詳細に伝えることによって部分的にであれ解消される。

　この種のグループにおける不快感の本質的な特徴は，それがグループ自身の性質から生じるという点にある。このことは，つねに明示されなければならない。

　依存的構造が顕著なときに個人が話したくなるのは，大抵は不快な情緒的経験についてである。グループの態度は，彼の問題についてのいかなる考慮も困難にする。そこで患者が目的に対して感じる欲求不満が，グループに対するこのような技法の深刻な欠陥に見えるかもしれない。しかし，ここでも我々の関心は個人の治療を提供することにではなく，グループの実際の経験，ここではグループと個人が特定の個人を扱う方法として例示したものに注意を引くことにある。さらに注目すべきは，集団療法の患者が，話すことをあらかじめ慎重に準備しており，彼らのやり方で参加できるときにのみ発言することである。精神科医が公然と個人療法を行っているかのように振る舞えば，それがグループに対立することであり，患者はグループの側にいることに間もなく気づくだろう。このような落とし穴を回避できるだけの力量があれば，ある激昂を観察することになるだろう。それは，患者にとっては急を要する個人的な問題がないがしろにされてい

ることに対する一見筋の通った怒りだが，実際には当然の目標が達成されないためというよりも，特にグループメンバーとしての彼の特性やグループメンバーの特性や基底的想定といった，患者が討議するつもりのない問題を曝露されたことによる怒りである。精神科医が分析し応答してくれれば取り除かれると思っている，個人的な問題について話しはじめた女性がいたとする。もし精神科医がそのように応じなければ，彼女がまったく予期しなかったような状況が生じる。精神科医がグループの困難を示すことができないのは，驚くべきことである。その困難さには，患者にとって今はまったく重要でないが，後にそうではなくなるようなものが含まれる。そのようなこと，つまり話されている主題が患者が話そうとしていたのと異なるといったことは，個人精神分析ではまったくありふれたことである。にもかかわらず，個人精神分析では精神科医が決して犯さないような失敗を，グループでは容易に犯すことへの気づきは重要である。失敗とは，公衆の面前で精神分析を行うような方法でグループを扱うことである。精神科医により扱われるべきだと患者やグループが考えるようなことを扱っているように感じたなら，彼はそれを疑ってみるべきである。この点は決定的である。もし精神科医が，無意識的に，自身の存在を弁護するための時間を多少なりとも費やす代わりに，勇敢にも何とかグループを扱うことができれば，彼は，適切な手段を用いることによる利点が目前の困難さを無効にする以上のものであることを見出すであろう。

　依存グループにおいて，逃避はグループ内に，闘争は精神科医の内に閉じ込められている。グループの衝動は敵対する対象から離れ，精神科医の衝動がそれに向かう。それは別として，グループの情緒は，ただ依存グループから他の2つの基底的グループのうちのひとつへの移行にのみ関連しているように見える。このようなグループの特徴は，個人間関係の未熟さと，基底的グループを除くグループ間関係の非能率性にある。両状況は，個人の力の及ぶ限りの念入りな意識的コミュニケーションにより対処されている。これらの事象の意味をすべて把握するためには，他の種類のグループに対応する状態と比較する必要がある。

この種のグループにおいては、リーダーを除く個人にとって臆病さが最高の美徳である。それは、恐れを経験したら即座に逃避する能力の高さを意味する。このような事態は、結局、成熟した成人として自らの願望を完全に意識しつづけている個人にとってまったく不愉快なことである。

　つがい、および闘争－逃避グループに特有の情緒的経験を回避するために、グループはしばしば依存的に組織化される。いくつかの点で依存グループはその目的によく適っている。というのも、すでに言及している通りグループの逃避的経験、つまり、彼らが避けている問題にどういった意味があるのかを、分析家が望めば経験できるようになるからである。グループと精神科医としての私との共生的（symbiotic）関係は、彼らが準備できていないと感じている集団生活の側面を経験しないよう彼らを守るのに役立つ。こうして、彼らは、洗練された関係を進展させるための訓練を私との間で自由に行うことができる。「私との間で」というのは、初期の依存グループにおいて、メンバー同士から価値ある何かを学びうるという確信をもつことが、とにかくひどく難しいということを示すためである。

　以上のことから、依存の精神的状態にあるグループのメンバーが、自らの経験に対する不満に気づいているのは明らかである。いずれにしろ、彼らの気分は、リーダーにすべての対処を任せ、後部座席で問題の解決を待っているのとは対照的なものである。私が与えることのできた解釈により、彼らは、幻滅の理由を、この種のグループのリーダーが期待されるようなことを成すのに失敗した私だけに帰することができなくなった。実際のところ、グループがそういった考えをもつのは、何が起きているのかを完全に明示するのに私が失敗したときだけである。要するに、この基底的想定とそれに付随する情緒的領域が特有の欲求不満を生み出し、あるものは特定の患者に、別のものは別の患者に現れるということである。

　依存グループの研究が進むことにより、注意すべき特徴の出現を観察することが可能になる。グループはつねに、私がリーダーとしての権威を示すことを期待している。私は、グループが期待するのとは異なる方法で、その責任を引き受ける。初期の段階では、権威は、私が医師であり彼らは

患者であるという考えに基づくとするのが理に適っているように思われる。しかし、時が経つにつれて、グループのふるまいのなかに、状況がより複雑であることを示すような特徴が現れてくる。私以外の誰も注目の的になる権利はないと主張するグループは、私の行動に対する明らかな失望との調和を迫られる。私には、訓練と経験からグループを導くだけの資格があるという正当性に対する揺るぎない信念は、同様に私の発言に対する揺るぎない無関心さとの調和を迫られる。[(1)]

　グループの情緒的な雰囲気からすれば、そうしないことのほうがよほど否認の能力を要するのだが、グループが私の言わんとすることを意に介しておらず、むしろ私の貢献のうち、彼らがすでに確立している信念の体系に都合良く馴染むものだけを利用していることは明らかである。身振りや声の調子や態度や外見や、あるいは私が述べていることの主旨であれ、その体系に馴染むものであればいずれも問題はない。グループは、依存できる確固とした対象像を確立するために連合しているのである。

　はじめからこの像の特性を認識するのは容易ではないが、そうだとしても医師のそれでないことは確かである。私と同じ地位にまで押し上げられたグループのメンバーには、誰であれ私と同じ運命が降りかかる。その結果、グループのメンバーの誰もが、自らがグループに及ぼす影響は気まぐれなものであり、また各自が表明しようと努めている考えとはただ曖昧な関わりをもつにすぎないことに気づくのである。私自身は、明晰な思考と明瞭な表現により、グループ状況の曖昧さに光を当てようと努める。それは、最も好調なときでさえ相当野心的な試みであるが、やがて、グループの敵意こそその目的の達成を困難にする最大の要因であることが明らかになってくる。この敵意の本質を理解するには、それがあらゆる科学的方法に対する敵意であり、したがって理想に近づこうとするように見えるあらゆる活動に対する敵意であると捉えるとよい。私の意見は空論であり知性化（intellectualizations）にすぎないとか、私の態度は温かみを欠いているとか、抽象的すぎるといった不満が聞かれるかもしれない。グループの研究を続けていると、個々のグループメンバーはたしかに勤勉さを有してい

集団の経験　079

るにもかかわらず，グループは，グループとしては，ある仕事をするために相介しているという考えにまったく反しており，仕事をすることが，何か重要な原則が侵されることであるかのような反応を示すということがわかってくる。その点をここでさらに深掘りするつもりはないが，グループのふるまいに関する記述（特に，p.40 および pp.50-51）にその特性を見出すことができるだろう。ここで示唆しておきたいのは，依存グループのあらゆるふるまいが，科学でなく魔術により力はもたらされるという信念に関連するものとして認められうるということである。したがって依存グループのリーダーに要求される特性のひとつは，魔術師であるか，あるいはそのように振る舞うことである。そして依存グループにおける沈黙は，リーダーが科学的探索に必要な素材を否定し，そうすることで，魔術師の世話による幻想的な安定を脅かすように感じられる展開を未然に防ごうとする意志の現れか，あるいは，魔術師としてのリーダーに対する敬虔な献身の表現のいずれかである。頻繁に見られる解釈の後の沈黙は，思考のための休止というよりは，畏怖による賛辞である。

　グループがこの発達段階に達したとき，精神科医は通常の意味での「抵抗」（resistances）を扱っていると考えるかもしれない。しかし，共同体としてのグループが感じているのは，その宗教的信仰に対する敵意に満ちた攻撃であると考えるほうが，より有益であると思う。実際，この段階にあるグループは，頻繁に宗教に言及するものである。時にメンバーは研究者と，あるいは研究そのものと自身とを同一視する。前者の場合，メンバーは，まるで興味深い過去の遺物か，もしくは仏教やキリスト教といった世界的によく知られた宗教を研究しているかのような，やや不自然な自信をまとっている。それは，情緒的に不可欠な「宗教」（religion）を研究している彼の周囲で敬虔な信者たちが彼に襲いかかるのを待っているという実感を回避するための装いである。もし精神科医が精力的に研究を推し進めるのであれば，グループの攻撃性や自らが扱わなければならない現象に対する情緒的実感について生き生きとした感性をもっているべきである。また，カルトの教義だけでなく関連するすべての現象，たとえば敬虔な信者たち

の生命に与える影響についても意識的に考慮できなければならない。なかには，グループ内で目撃されうるものもある。たとえば，独立した思考を窒息させること，異教徒狩りやそれに対する反乱，課せられた制限の理性による正当化や何らかの合理化（rationalization）などである。それ以外のものは，患者の日々の報告のなかに表明される。グループの「宗教」の「信者」（devotees）は，反抗的であろうとなかろうと，日常生活においてもやはり「信者」である。「宗教的」共同体としてのグループのメンバーであることへの要請と日常的な思考への要請との仲裁の試みが，彼らの日常的な葛藤の表現であることを示すことができる。グループに関するこの見方は重要な示唆を提供している。依存グループのこの側面を観察すればするほど，「宗教的」分派としての依存グループのメンバーであることを支持する素材を患者が生み出しており，グループとして相会していた短期間に生じたのと同じことが，彼らの精神生活に広く影響を及ぼしていることをますます確信するのである。

　もう1つの問題に戻ろう。

経験から学ぶことへの憎悪

　グループが洗練された構造を保ちながら作業を遂行しなければならないときには必ず，それとは逆の，つまり3つのうちひとつの基底的想定の方向への引力が働いている。グループをこの角度から見るのは重要なことである。それについて述べる前に，絶えず視点を変える技法を用いる必要性について簡単に触れておこう。精神科医は，可能な限り，あらゆる状況の表だけでなく裏を見ることができなければならない。つまり，よく知られた次の図から類推されるような心理学的転換を用いなければならない。

　この箱の図形は，ABが手前にあるようにも，またCDが手前にあるようにも見ることができる。観察される線の総体は変わらないが，箱の見え方はまったく異なる。グループにおいても同様に，起きていることの総体

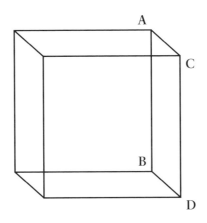

は変わらないが，視点を変えるとまったく異なる現象が引き出される。精神科医は，彼が見たことを説明することなくグループが変化するのを待っていてはならない。たった今述べたことを，すでにグループは経験済みだと指摘する必要がたびたび生じる。しかし，そのときには同じ現象がたしかに別の言葉で表されていた。たとえば（ひとつの事例では），ある患者は「失神」するほどの深刻な不安を訴えていたが，別のときには同じ状態を「気が遠くなる」と表現した。そして，さらに後のセッションでは，好まないことがグループにおいて生じた際には，彼は単にそれを無視したと，やや自慢げに話したのである。そこで，今自信ありげに話しているのと同じ状況を，別の時には「気が遠くなる」不安として表現していたと彼に示すことが可能になる。グループ内の出来事に対する彼の態度は，グループにおける基底的想定の変化にともない変化していたのである。

　表と裏とか視点の移動といった類推は，精神科医が用いるべき技法の本質を充分に表してはいない。そこで，私の言わんとするところを明確にするために，数学における双対性の原理に基づく類推を採用する。それにより，空間における点と線と平面の関係を証明する定理が，同様に双対の平面と線と点の関係を証明する。精神科医は時に，グループにおいて観察さ

れた情緒的状況における「双対」(dual) が何かを考えるべきである。精神科医はまた，自身が言及した状況の「双対」がすでに以前のセッションで経験され言及されていないかについても考えるべきである。

　それをグループの観察に適用してみよう。グループが，私のやり方に慣れるまでは，集合してから「グループが始まるのを待つ」ための間が生じることについてはすでに述べた。実際，グループが始まるのはいつなのかと尋ねられることは，よくある。ある観点から言えば，その問いに対するまったく単純な答えは，グループは10時半に始まるとか，あるいは何時であれ決められた時間に会合は始まるといったものである。しかし，私にとって，より重要なのは，私が「始まっていない」グループを観察しているという観点である。したがって，私はグループの問いに答えない。もしグループが，私が発揮するつもりでいるのとは異なる類のリーダーシップを私に与えたいならば，グループが何時から始まるとか何時に終わるとかを知っているのは私の仕事である。たとえその時点では明らかでないとしても，相当な役割の変化に関わる重要性を自覚している限り，期待される応答をしない理由はない。

　グループにおいて，洗練された構造を維持するための奮闘を示すことができたなら，その「双対」をも提示できているはずである。以下は「双対」の記述であるが，一見したところでは，洗練された（sophisticated）構造を維持する試みとの類似性を認めるのが難しいかもしれない。

　どのようなグループにおいても，遅かれ早かれ次のような苦情が聞かれるようになる。すなわち，治療が長い，前回のセッションで何があったかをいつも忘れる，何も学んでいないような気がする，解釈は彼らに何の関係があるのか，それだけでなく，私が彼らの注意を引こうと努めている情緒的経験は彼らにとってどう重要であるのか，といったことである。彼らはまた，精神分析の場合と同様に，経験から学ぶ自らの能力への不信感を表す。つまり，「我々が歴史から学ぶものは，我々が歴史から学ばないということだ」というわけである。

　これらはすべて発達過程への憎悪に集約される。まったく理に適ってい

るように見える時間に対する不平さえ，発達過程に不可欠の要素に対する不平のひとつにすぎない。そこには，経験から学ぶことへの憎悪と，その種の学びの価値に対する信頼の欠如が存在する。多少ともグループを経験すれば，それが単なる否定的な態度ではないことが明らかになってくる。発達過程は，すぐには明確にならない異なる状態と比較されている。その異なる状態への信念は，日々の生活のなかに頻繁に観察される。それは，まったく勉強しないにもかかわらずつねに首位の成績を保っている，「ガリ勉」とは対照的な子どもを英雄視する信念に最もよく表現されている。

　グループが求めているのは，どのように生き動きグループに存在すればよいのかを，通常の手順を踏む代わりに，何の訓練や発達もなしに本能的に知っている完全装備の成人のようなものであることが際立ってくる。

　この理想に近いのは，ただ1つの種類のグループと個人である。それは基底的想定グループ，すなわち，依存 (baD)，つがい (baP)，闘争－逃避 (baF) のうちのいずれかが支配的なグループであり，それに自らの主体性を埋没させることのできる個人である。

　この理想が現実と一致することについては触れないでおこう。というのも，遠い祖先は別として，あらゆる集団精神療法の経験が，グループと個人とが発達的な手続きに絶望的に専念することを示しているからである。

　私自身のグループ経験も，人間が2つの状態に絶望的に専念することを示している。あらゆるグループにおいて，メンバーは，基底的想定か，あるいは洗練されたグループの態度に心底同一化しているように見える。前者の場合，メンバーは，不毛な知性偏重主義，特に解釈により迫害されていると感じるようになる。後者の場合には，内的対象により迫害されていると感じるようになる。それこそ，所属しているグループの情緒的な動きをメンバーが意識していることのひとつの現れであると私には思える。こういった説明は，グループによって内的にも外的にも迫害されていると感じている個々人の感情に光を当てるのにたしかに役立つ。

　患者は，グループのなかで協同しなければならないと感じている。そして，基底的グループでは情緒が協同の能力として最も重要であり，基底的

グループの技法としてすぐに役立つものではないが，目的の追求における協同の能力は持ちつ持たれつといった類のものに依存していることを発見する。しかし，そこへの到達は，基底的グループの情緒を黙認することによって生じる素早い情緒的な反応に比べると，多大な困難さをともなう。

比較的孤立した状態では潜在的なものにすぎなかった能力を，グループのなかでは個々人が意識するようになる。したがって，グループは，単なる個人の集まり以上のものである。それは，グループ内の個人が孤立した個人以上のものであることによる。さらに，グループ内の個人はグループのメンバーとなることにより促進される，他の潜在力にも気づいている。その多くは，基底的グループの機能に，つまり基底的想定として活動するために相会したグループに最もふさわしいものである。

グループ療法における問題のひとつは，個人がすべてをグループに埋没させることで活力を得るか，あるいはグループのすべてを拒絶することで個人的な独立を達成するといった感覚にグループがたびたび陥るという事実にある。そして，そのようにしてグループにより絶え間なく刺激され動かされている個人の精神生活の一部は，集団的動物として奪われることのない遺産である。

グループのメンバーになるということは，つねに，どの瞬間にも，すでに委ねられた事象の進行に決して追いつくことができないという感じを抱くようになるということである。思考の母胎は，個人ではなく基底的グループの範疇にある。しかしまた，個人は自身の運命を支配したいと願うものであり，その精神生活において真に自分自身のものであり自ら発したと思えることに専念しようとするものである。そのような願望があるからこそ，人は「始まり」という考えが入り込む余地のないようなグループより，もっともらしく「始まる」と言えるようなグループの現象を観察しようとするのである。

個人に影響を及ぼすものが安心への願望だけならば，依存グループのみで充分である。しかし，人は安心以上のものを望むので，異なる種類のグループが必要になる。もし個人に発達にともなう苦痛や，学ぶことへのあ

らゆる努力に対する構えがあれば，その人は依存グループを脱して成長するかもしれない。しかし，個人の望みが，依存グループによって満たされないものだとしても，成長にともなう苦痛を回避しながら集団生活をうまくやっていくことであるという事実のために，結局グループはつがいや闘争－逃避に構造化されるようになる。

▼註

1 ——— 私の実践は，戦時下の英国で幹部候補生を対象に行われた指導者のいないグループの技法に基づいていると言われてきたが，そうではない。私が1940年に記した覚え書きを契機に，その後ウォーンクリフ実験として知られるようになった，ウォーンクリフ病院での実験が，ジョン・リックマン博士により行われた。そこで彼が得た経験は，後に私たちがノースフィールド軍病院で行った新たな実験の起点となった。この実験によって得られた名誉や悪評が，「ノースフィールド実験」の名を世に知らしめた。この名は，「規律と愛国心」を重んじる英国陸軍の輝かしい伝統にふさわしい活動に活用されたことで，さらなる社会的地位を得た。

5

　基底的想定は，快適な情緒的状態にのみ特徴づけられるわけではない。個人精神分析の分析家について言えることは，グループの分析家にも当てはまる。私の技法に基づく理解では，グループが支持する人は，グループの良い側面を悪い側面から切り離して保持しようとする。そして，「良い」とか「悪い」と感じるのはグループのせいだと主張する。しかも，「良い感じ」と呼ばれる快適な情緒的状態が，同じ人が不満を顕わにするグループに由来することを，また，「嫌な感じ」と呼ばれる不快な情緒的経験が，当面はその良さを信じたいと願うグループのメンバーであることから切り離せないということを容易に認めようとはしない。グループにおけるこの種のふるまいには，精神分析において一般的に見出されるのとは別の理由もある。それは，基底的想定に特有の情緒的状態から直接引き出されるものであり，私がここで論じたいのは，そのような特性についてである。いずれの類型にしろ，基底的想定と結びつく情緒が，完全に個人的な経験のように感じられるという事実から研究を始めよう。ある基底的想定に基づいて活動しているグループについての私の説明は，今ここで述べているグループの特徴すべてには当てはまらない。グループが作り出す想定から，それに関連する情緒的状態が出現すると考えられるかもしれないが，それは私の信念を反映していない。私は，むしろ，情緒的状態がまず存在し，そこから基底的想定が類推されると考える。集団にとって，基底的想定は，本質的に暗黙の想定である。各人は，まるでその想定を自覚しているかのよ

うに振る舞う。それが，基底的想定の解釈が説得力をもつ理由である。基底的想定は，それが行動化されているときでさえ明確に表現されるわけではないが，解釈は，全体としてのグループのふるまいに意味を与える。ここに，個人としては自覚があるかのように，そしてグループのメンバーとしてはないかのように振る舞うという状況が生じる。つまり，グループは意識することも明確に表現することもなく，そのいずれもが個人に委ねられているのである。

　3つの基底的想定それぞれと関連する情緒的状態のすべてに安心感が含まれる。依存グループにおいて体験される安心感は，依存基底的想定グループを構成するその他の感情や考えと分かちがたく結びついている。したがって，闘争－逃避とつがいの両グループにおける安心感はまた異なるものであり，同じくそれぞれのグループに固有の感情や考えと分かちがたく結びついているのである。依存グループにおける安心感は，無能感や欲求不満と分かちがたく結びついており，そして，1人のメンバーに全知全能の特性を帰することによりもたらされる。通常，精神科医は，彼が全知全能であるという信念に実質を与えるようには操作されえないため，各人の安心感は，各人に対して全知を要求するグループの圧力により制限されることもあるだろう。闘争－逃避グループにおいても同様に，グループが要求する勇気と自己犠牲のために，安心感は制限される。要するに，重要なことは，安心感そのものよりも，その情緒がどういった結びつきのなかで保たれているかということである。不快でなく，むしろ個人が望む種々の感情は，より望まれず，たいていは強く嫌悪される感情との組み合わせで経験されざるをえない。したがって，個人は，グループおよび彼自身の本質的な「グループ性」(groupishness)，すなわち，群居動物である以上避けることのできない資質から自身を隔離させるための分裂に頼らざるをえない。グループのなかでは考えることができないと訴える人は多い。そういう人は，グループのメンバーとしての安心感を得るために，そのような望ましい安心感と結びついている望ましくない感情の分裂を試みる。そして，これらの起源を，安心感そのものよりも別の何か，すなわち，より重要で

ないグループのメンバーや，つかの間の外的な出来事や，あるいは神経症などに求める。したがって，情緒の強化を生じさせる基底的想定の説明のために，また，患者がしばしば症状として会話のなかに持ち込む情緒的経験が，実際に，情緒が強化されたグループ内の他のメンバーの体験と一致していることや，自身とグループの両者に対するメンバーの葛藤を証明するためには，相当な時間を要する。私は，以下のことを指摘したい。すなわち，基底的想定への参与は，不可避なだけでなく，情緒の共有をともなう。それは，心理学的研究が解明するところによれば，互いに別個で分離している。しかし，実際は，見かけ上そうであるにすぎず，また，それが心的現象として露わになるのは，歴史上の一時点にすぎない。したがって，心理学者は，ある基底的想定が活動的な場合に，それと関連する情緒が化学的結合のごとく強力に固執性と排他性によりつねに互いに連結している理由を説明できるような観察データを得ることができない。

　もちろん，つねにそうだというわけではない。集団の技法が発達し，現在は認知されない現象を感知できるようになるということも考えられる。さしあたり，私は，これまで述べてきたことから，次の点を強調したい。個人の苦悩は，活動的な基底的想定に対する突発的な反応である。すなわち，それは，グループの情緒的状態とグループの課題遂行に参与している彼自身の部分との間の葛藤から生じる。

　各基底的想定と結びついている情緒的状態は，他の2つの基底的想定に固有の情緒的状態を排除する。しかし，洗練されたグループに特有の情緒が排除されることはない。ここまで，洗練されたグループについてほとんど言及してこなかった。というのも，グループにおける葛藤を，個人と基底的集団との間のものとして，また，個人と基底的グループを支持しそれに参与するその人自身との間のものとして表すことで充分だったからである。しかしながら，洗練されたグループ，つまり洗練された水準での個人間の協同を通じて形成されるグループと，基底的グループとの間の葛藤は存在する。そして，洗練されたグループと基底的グループとの間の関係は，3つの基底的想定それぞれと結びついている情緒的状態の間の関係とは異

なる。基底的想定の間に直接的な葛藤はない。それらは，ある状態から他の状態へと変化するのみであり，円滑に移行するか，もしくは洗練された集団による介入を通じて成し遂げられる。それらは，入れ替わるのみであり，したがって，葛藤が生じることはない。葛藤が生じるのは，基底的グループと洗練されたグループとの間の交接点においてのみである。

　各基底的想定グループの間にあるのは葛藤よりも交代であるが，洗練されたグループが介入し，基底的グループの交代に干渉することを通じて，葛藤が生じ影響を及ぼすようになる。特に，基底的想定に関連する情緒的結合のうちグループの精神的生活に積極的に影響を与えないものは，時にはおそらくかなりの期間潜伏している。たとえば，グループに依存グループの情緒が浸透しているときには，闘争－逃避グループとつがいグループの情緒的状態は潜在化している。依存グループの感情が明白であるのに対して，その他の感情は明白ではない。この点から言えば，葛藤は，ある1つの基底的想定からもたらされる情緒が充満している洗練されたグループと，残り2つの基底的想定との間に存在する。この状況において，もし私が提供する解釈が受け入れられるならば，それらは洗練されたグループによる解釈として認められる必要がある。すると，直ちに次のような考えが浮かんでくる。解釈に代表される介入と，洗練されたグループによるその他の介入との違いは何だろう。もし洗練されたグループによる介入が，1つの基底的想定とその他との間の葛藤を出現させるといった影響を及ぼすならば，解釈は葛藤を生み出すものでもあると言えるのだろうか。葛藤を引き起こさないとすれば，解釈は何をもたらすのだろうか。さしあたりこれらの問いを無視し，非活動的な基底的想定に相当する潜在的な情緒的状態の運命，そして洗練されたグループとの関係性へと考察を進めよう。

　洗練されたグループによる介入はさまざまあるが，それらには以下のような共通点がある。つまり，それらは，魔術的な効果に頼るよりも発達の必要性を認める表現であり，基底的想定への対処が意図されている。また，ある1つの基底的想定の情緒を動員し，その他の基底的想定の情緒や現象への対処を試みている。これが，すでに言及した基底的想定の間の葛藤の

現れである。そのような洗練されたグループによる介入の結果として，グループはさらに洗練され，また洗練されたふるまいを保とうとするようになり，そのために，さらに異なる型の情緒が抑制されるようになる。このようにして，依存グループに結びついている情緒の連結パターンは，闘争－逃避，あるいはつがいグループに結びついている情緒の連結パターンの侵入を，困難，あるいは不可能にすることができるのである。

作動グループ

　私が担当したいくつかのグループにおいて，私が「洗練されたグループ」と呼んでいたものは，自然に「作動グループ」と呼ばれるようになっていった。この名称は，短いものでありながら，私が描写したいと考える現象の重要な側面をよく表している。そこで，今後は「洗練されたグループ」（sophisticated group）の代わりにそれを使おうと思う。グループが集合するとき，それは特定の課題のためであり，その活動は，洗練された手段による協同を達成すべきである。すでに指摘した通り，手順についての規則があり，通常，他のメンバーから選ばれた者からなる管理機構があるといったことがこれにあたる。誰のグループ経験にも見られるように，この水準における協同への許容量は偉大である。しかし，それは，基底的想定の水準における協同への許容量とは本質的に異なる。私の経験によれば作動グループの精神的構造は非常に強靱なものであり，基底的想定に特徴づけられる情緒的状態により侵食されるという恐れとはまったく釣り合わないほどの持続力により生き残ることは注目に値する。前述のグループは，洗練された構造を維持するために，もとより著しい努力を払うが，そこに注がれる力は，基底的想定と結びつく情緒の強さを示している。その考えは，現在まで変わっていないが，作動グループの構造に対する懸念は，作動グループが闘わなければならない力についての無知の表明であるということもまた信じている。つねに注意を払っておくべきことは，治療グルー

プが，基底的想定グループへの恐れを表現することや，その恐れの対象の大部分が，グループにおいて有力な精神的状態に依存していることを示す点である。たとえば，もし依存グループが最も目立つようになると——実際に，グループが依存グループと同一視されるほど目立つようになった時点において——恐れは作動グループに属する。基底的想定グループにおける情緒が互いに結びついているのと同様に，作動グループにおける精神的現象もまた互いに結びついている。作動グループにおいては，ある観念が重要な役割を果たす。それは，「本能（instinct）による完全装備」よりも「発達」（development）を重視するだけでなく，問題に対する，理性的，あるいは科学的な接近法に価値を置くということである。また，「発達」という観念にともなう必然の帰結として，経験から学ぶことの価値が受け入れられている。しかし，もしグループが依存基底的想定に一致している場合，それらの観念すべてが脅かされてくる。それは，当然のことながら，観念のみにとどまらず，グループ内の活動にも波及する。間もなく，依存グループの構造において，グループ内の1人のメンバーへの全知全能に対する信念が不可欠のものであることが明白になる。このような信念の本質を探求しようとするあらゆる試みは，宗教対科学の論争を連想させるような反応を少なからず引き起こす。実際，この点についての探求は，すでに示唆した通り，グループの宗教に関する科学的探求である。グループの神性——通常は精神科医であるが——を含む作動グループの活動は，多様な反応をもたらす。しかし，もし全体としての反応を扱うならば，ギボン（Gibbon）の言う同体論論争（homoousian controversy）[1]は，おそらくは，治療グループにおける依存基底的想定活動として報告されるものである。実際，私の方法論をグループで試そうとしている精神科医にとって，その時代に繁栄している信仰における神性の特性に関する論争以上にグループの情緒を強く喚起するものは，歴史上ほとんど存在しないと覚えておくことが助けになるかもしれない。さらに，ここで言う繁栄は，否定的と肯定的つまり，グループが有神論的な場合と無神論的な場合のいずれもありうるということを付け加えておくべきだろう。重要なことは，いかにグループが彼らの

要求を幻想的に見せるような説明をしようとも，精神科医が，自身に対するグループの要求という現実に，そして，自身の説明により喚起される敵意という現実に，断固注意を向けることである。それにより，基底的想定に関連する情緒の強さと，作動グループに動員される活力と生気との両方を確かめることができる。人は，現実を適切に把握することなく活動することにともなう痛みと往々にして至る致命的な結果に，したがって，結果の評価基準としての真実の必要性に気づいているかのようである。

　ここで我々は，1つの基底的想定と結合し，他の2つの基底的想定に基づく活動を抑制している作動グループの一側面について考えなければならない。非活動的な2つの基底的想定はどのような運命を辿るのか。この質問を以前に答えを出さないまま残しておいた別の問いと結びつけてみよう。それは，各基底的想定と関連する情緒の結びつきの特性と起源に関する問いであった。その際，基底的想定と関連する情緒が固執性と排他性をもって互いに結びつく理由を精神科医が説明しうるような知見が目下のところ存在しないと述べておいた。このような結合と非活動的な基底的想定の運命とを同時に説明するために，「プロトメンタル」（Proto-mental）現象の存在を仮定することを提案する。経験を越えたこのような提案をしないことには，私は自らの考えを充分に表現することができない。臨床的には，私は心理学的アプローチを用いるので，記録されるのは心的な現象のみである。それにもかかわらず，基底的想定に先立つ前精神的現象に随伴する情緒的状態を想定することは，私にとって都合がよい。このような説明は，私が意図する以上に原因と結果を厳格に規定するように思われるかもしれないが，臨床的には，これらの事象は円環的に繋がっていると考えるのが有益であろう。基底的想定は意識的に表現された思考により促進され，その他は，感情をかき乱す前精神的な活動の結果であると考えれば都合がよい。何が起きているかに光を当てることができるならば，その円環のどこから始めたとしても問題はない。前－精神的な事象の水準から始めるならば，グループは，その情緒が心理学的用語で表現可能になるまで発達しつづけると言えるかもしれない。グループが基底的想定に基づき活動してい

る「かのよう」（as if）であると述べたのは，まさにこの点においてである。

　プロトメンタル・システムには，3種の基底的想定の原型が，グループにおける個々人のメンバーシップの機能として，他から分離されえない全体として存在している。ただ，異なる水準，すなわち，事象が心理学的現象として現れるような水準においてのみ，各基底的想定の構成要素を区別することが可能になり，恐怖や安心や依存や性などの情緒について語ることが可能になる。

　私の考えるプロトメンタル・システムは，心身未分化なものである。それは，現象が湧き出る母胎である。その現象は，心理学的水準において，また心理学的研究の観点から見れば，はじめは，互いに緩やかに関連している連続性のない感情として現れるにすぎない。増強され浸透し，そして必要に応じてグループの精神生活を支配するようになる基底的想定に特有の情緒は，この母胎から生じる。プロトメンタル・システムの水準では心身は未分化のため，この源から生じる苦悩が，心理的と同様身体的な形を取るのは当然のことである。非活動的な基底的想定は，プロトメンタル・システムに閉じ込められている。すなわち，もし，洗練されたグループが依存基底的想定と結びついた情緒によって満たされている場合，闘争－逃避，およびつがい基底的想定は，プロトメンタルの位相に閉じ込められている。それらは，洗練されたグループと活動的な基底的想定との間の共謀の犠牲になっている。依存グループのみが，プロトメンタル段階から，精神科医が基底的想定活動として弁別可能な程度にまで発展したのである。

　このようなプロトメンタルの水準に，グループ病理の母胎が構成されている。グループ病理の特徴は，それが顕在化するのは個人のうちでありながら，その打撃を受けているのが明らかに個人よりもグループであるという点にある。同様に，ただ逆の意味で，闘争－逃避グループにおいては，個人よりもグループが保護されている。要約すれば，あらゆるグループ病理の母胎は，次の2つの場に求められる。1つは，個人と，基底的想定グループ，およびグループの維持に参与するその人自身との関係のうちに，もう1つは，その他2つの基底的想定のプロトメンタルな場のなかにある。

私の言わんとするところをより明確にするために、身体医学との類比を用いよう。それが単なる類比である点に留意するならば、私の言わんとするところをより明らかにすることができるかもしれない。不安症状に苦しむ患者の場合を仮定してみよう。診察の過程で、患者には、多様な心理的困難さに加えて、手の微細振戦の見られることがわかった。さらに診察を進めると、身体的な治療を要するほど重傷の甲状腺中毒症が見られたと仮定しよう。一般的には、それは身体的疾患とみなされるが、私は、むしろその疾患の母胎は、プロトメンタル的な事象の領域に存在すると主張したい。現代の平均的指標から言えば、身体医学的にも精神医学的にも何の徴候も見出すことができないほど早期の疾患が好例である。プロトメンタル事象は心身未分化の段階にあり、それが、特定の状況下において、身体的、および心理的要因からなるグループ病理が発現する母胎となる。プロトメンタル的な事象を扱う領域を個人に限定すると、私が提案した類比法は行き詰まる。私の考えでは、プロトメンタル的な事象を個人にのみ関連するものとして理解することはできない。プロトメンタル事象の力動は、グループとして個々人が集合することにより、研究対象として明瞭な領域となる。個人内のプロトメンタル段階は、プロトメンタル・システムの一部にすぎない。プロトメンタル現象がグループの機能である以上、それはグループにおいて研究されなければならない。

　プロトメンタル・システム概念を展開する過程で、特定の基底的想定に伴うあらゆる情緒が互いに融合しているその堅固さに関する説明、および、非活動的な基底的想定の所在を説明するための概念を提供する。グループは、潜在的にはそれが活動的であることを明らかに感じており、したがって、それは「どこか」に存在しているはずである。ところで、私は、この種の仮説を提示した後に、本来とは別の目的で、それを新たな理論に適用することの有用性をしばしば発見してきた。そのための思索は、ほかの何にも劣らない試行の場である。私の望みは、プロトメンタル・システムという観念の扱いを、単に観察した現象を総括するための理論として用いるのか、さらに研究を進めるための仮説として用いるのか、あるいは臨床的

に観察可能な事実とみなすのか，そのいずれかを決定できるようになることである。

　何がわかりやすい研究領域を構成するのかについての思索から始めなければならない。私の技法がさらに発展しない限り，小規模の治療グループはそれには該当しない。たとえ技法が発展し，あるいは私の観察力が上達したとしても，他の領域に解答を求めるほうが賢明ではないかという疑問は残るだろう。フロイト（Freud）以前には，神経症の研究はほとんど実りがなかった。というのも，個人というものが，わかりやすい研究領域とみなされていたためである。しかし，フロイトが，2人の人間の関係，すなわち転移に解決の糸口を求めるようになったことにより，神経症患者が呈する問題の，少なくともいくつかを研究するのにわかりやすい領域が見出された。また，それまで抵抗を受けてきたあらゆる解決の試みが意味をもちはじめた。その時始められた研究は，深さも広さも拡大しつづけている。小規模の治療グループは，研究領域を変えてさらなる結果を生み出せるかを試すものである。いずれ，グループ自身による研究領域の操作について考慮すべき時が来るだろう。しかし，当面は，小規模の治療グループに新たな光を当てられるかを見極めるために，研究領域を変えることの可能性について再考したい。小規模の治療グループは，身体的疾患について，私の目的に適うほどの充分な証拠を迅速に提供してはくれない。そこで，疾患に関する統計上の根拠が得られる程度に充分大規模なグループに思索を向けようと思う（トインビー Toynbee, 1935, pp.12, 17 を参照のこと）。私は，結核，性病，糖尿病などの疾患に関する，特に，症例数や毒性や分布の変動について根拠を得たいと考えている。それは，解剖学や生理学や公衆衛生調査の常套手段であるその他の方法を用いても容易に説明できるものではない。さらに，いずれ重要な統計的妥当性を得ることも必要となるだろう。

　以下の記述において，基底的想定とそれに結びついている情緒状態を示すために，*ba* という文字を用いることとする。依存基底的想定であれば *baD*，つがいは *baP*，そして闘争－逃避は *baF* と表される。プロトメンタ

ル・システムに対しては pm を用いることとする。$pmDP$ とは，すでに述べた通り，依存，およびつがい基底的想定が，もはや精神医学的現象として認識されない状態を表す。それらは，潜在的な相として，心身未分化な状態でプロトメンタル・システムに閉じ込められており，その時点では明瞭化されない。pmPF，あるいは pmDF も同様である。洗練されたグループ，あるいは作動グループに対しては，W を用いることとする。

　(a) baF が活動的で，それにより抑制されたプロトメンタル水準の依存とつがいから発生する疾患 X を仮定してみよう。私の理論によれば，疾患 X は，D や P グループに属している。したがって，それが明るみになるときには，baP や baD の情緒を伴う心理学的属性を有する。さらに，それは，pmD と pmP に相当する母胎を有する。その心理学的原因は，baP のうちにある。私は，あらゆる疾患が心理学的原因を有するとか，それが他の原因と同じくらい重要であるというつもりはない。ただ，完全性のために，疾患は，通常医学的に行われるものだけでなく，下記のような分類も行われる必要がある。すなわち，(i) 母胎，前掲の想像上の例では，pmD と pmP，(ii) 心理学的起源，前掲の例では，baD と baP，(iii) 心理学的原因，事例では，baF である。

　同じように，私たちは，解剖学や生理学の研究から得られた，すでによく知られた結合以外にも，ある身体的疾患とその他の身体的疾患の結びつきについて知る必要があること，さらに，身体的疾患に関わるその他の結びつきについて，その分類を考え探求しなければならないことを付け加えよう。それは，前掲の例で言えば，下記のように表される。

　母胎　　pmD および pmP
　起源　　baD および baP
　原因　　baF

　これにより，私たちは，ある身体的疾患と他のものとの結びつきを知ることができる。それは，解剖学や生理学や細菌学，あるいは精神病理学で

すらなく，グループにおける個人のメンバーシップの機能である。

　(b) 私の主張は，身体的なものと精神的なものとの未分化な段階が存在するという議論に依拠している。したがって，たとえば結核のように，疾患がその身体性を明示する場合，心理的な対応物か相補物が存在する。その正確な特性は未だ研究されていないが，ここでの議論で言えば baD ということになるだろう。その相補物は，原因でも結果でもありえない。というのも，もしそのいずれかであったなら，それはまったく異なるプロトメンタルの系列から，あるいは活動的な基底的想定から生じているに違いないからだ。私の定義では，結核とむすびつく精神的事象が原因や結果である必要はない。精神的事象は，結核そのものが生じたのと同一のプロトメンタル現象から生起し発展するのである。結核がグループ心理の展開に非常に敏感であることはよく知られており，その発生数は，グループ心性の変化に共鳴するように変動している。この疾患は，長期にわたる世話や看護を必要とし，食事療法は，人生最早期の美食の体験を回想させる。結核は，baD の特性に多くの点で関連づけられるはずであり，また実際にそうなのである。個々人は，その障害や制限に対して，同様のパーソナリティを有する人々が baD に対して反応するのと同様の方法で反応している。結核の病変が明らかにされる以前には，これらの事実の存在が，患者による詐病であるウィトカワー（1949）とか，あるいは，私が言うところの baD が患者の障害の目的論的原因であると示唆する方向にしばしば誘導されていた。しかし，すでに述べた理由から，私は決して baD をその原因とみなすことはできない。それは，結核に結びつく精神的状態であり，したがって，原因でも結果でもない。その病気の原因を見出すには，データが得られたさまざまな時代における発病率の変動と，グループを支配していた ba との相互関係を示す必要があるだろう。もちろん，私が言及しているのは，私が推敲しつつある体系の一環として理解されるものであり，医学において馴染みの，よく知られ確立されている原因ではない。最高の数値がつねに baF に対応していると仮定してみよう。そうなれば，我々は，結核について，すでに確立されているもののほかに，次のような特徴をも

つものとして分類をしなければならない。

　原因　　*baF*
　起源　　*baD*
　母胎　　*pmDP*

　この種の分類の試みは，良くてもある見解に，悪くすれば野性的な当て推量に頼ることになるのは明らかである。しかし，それは必要な試みであると私は考える。科学的な試みは，未熟な段階にある研究に適したものでなければならず，それは，どの時点における *ba* の評価にも当てはまる。
　基底的想定の理論とともに，プロトメンタル・システムの概念が，身体的疾患，特に心身症，あるいは精神社会医学ないしは社会力学と呼ばれるもの（ハリディ Halliday, 1948, pp.142 以下を参照）に新たな観点を提供するであろうことについて述べてきた。しかし，身体的障害の理解をより完全に近づけるために，身体的疾患の研究領域に基底的想定やプロトメンタル・システムなどの研究を包含するかたちで拡大させるならば，その拡大された領域を逆の過程にも同様に用いることができる。心理的障害をプロトメンタル（前－精神）に仮定するならば，身体的疾患もプロトフィジカル（前身体）的疾患であることを留めておくべきである。それでもやはり，身体的障害の母胎としてのプロトメンタル・システムを研究する技法を見出すにあたり，身体的接近法による研究を用いるほうが容易かもしれない。身体的接近法を用いることによって，プロトメンタル・システムにおける身体的側面を研究することが可能となり，あらゆる時点においてグループのプロトメンタル・システムが包含する素材を抽出する方法を見出すことができるかもしれない。それは，精神的事象においてプロトメンタルに相当するものの観察技法を推敲するさらなる一歩となるだろう。この種の技法の発展により，グループにおける心理的状態の予測評価が可能になるだろう。つまり，実際に基底的想定が現れるよりはるか以前にそれを研究することができるようになる。私にとってこのことは重要である。というの

は，患者グループをその他のグループと区別するひとつの特徴は，患者グループが基本的に基底的想定に添って活動しているということだからである。

　国民保険サービスのおかげで，患者は，患者同士の，あるいは医師との関係から生じる経済的問題を効果的に処理されていると感じることができる。それでもなお経済的問題が論じられることがあるが，通常は，各人の家庭的な関心事であるかのように語られる。しかし，グループとそのメンバーの精神生活におけるある側面を間接的に表現したものとして解釈を行うことは可能である。そこで，身体的疾患の領域ですでに使用してきたのと同じ方法で，プロトメンタル・システムに関する思索を経済の領域において引き続き行いたいと思う。

　「交換の手段は，一般的に許容される範囲なら何でもよい」（クレイ Clay, 1916, p.164）と言われてきた。それは交換手段だけでなく，価値基準をも含む。最近の研究によれば，原始的な通貨は，物々交換からの発展として生じたわけでもなければ，商取引の一部として生じたのですらない。むしろ，一般的に許容され，かつ確定的な価値をもつ商取引の手段を探し求めるなかで，その効用から通貨が採用されたのである。それは，主に，賠償や花嫁代償の手続きを容易にするための発明であった。「花嫁代償や賠償のために通貨が誕生したという主張は突飛なものと思われるかもしれない。しかし，通貨によって価値基準が確立され交換手段が整備されたことは確かである」（ヒングストン・クィギン Hingston Quiggin, 1949, pp.7 以下を参照）。アインツィヒ（Einzig, 1949）は，このことについて，次のように述べている。通常，通貨の対象となるものは，おそらく，それらが消費もしくは装飾に望ましいがゆえに選ばれる。しかし，それらが広く受け入れられたのは，宗教的な犠牲や政治的な支払い（罰金，年貢，遺族への慰謝料）や花嫁代償といった事実のように，非商業的な考えによるのかもしれない（Einzig, pp.353 以下を参照）。

　賠償や花嫁代償は，1人のメンバーを失ったグループに対する償いとみなされる。この点から見れば，*baF* においてそれらは，個人に対するグルー

プの権威を反映している。一方で、賠償は、共同体における個人の価値を表現するものとみなされるかもしれない。つまり、それは、ある場合には baF の、別の場合には baD の一側面として解釈されうる。同じように、花嫁代償は、baP の表現とみなされうる。しかし、当面は、それを特定の ba に帰することよりも——それは、臨床的観察の仕事である——身体的疾患に関する議論と同様に、身体医学を通じてすでに入手可能な知識に、新たな知識と理解を付け加える手段として、私の理論を適用する余地があるか、また、経済学を通じてすでに入手可能な知識に、交換の機制に関わる疾患の理解を加えるにあたり、私の理論を用いる余地があるか、その可能性を示したい。もし、金銭の価値の根源が、本来備わっている価値や、アインツィヒが論じたような、その他金銭のために用いられるものの価値のうちにあるだけでなく、ba にもあるならば、baF における金銭の心理的価値と、baP や baD におけるそれとは異なるものと想定される。さらに、あらゆる通貨の価値は、その心理的価値の源泉、すなわち基底的想定の変動に伴い変動すると想定される。baF、baD、そして baP における金銭の価値の性質を臨床的に決定することができるなら、為替相場の変動の源泉のひとつを突き止めることができるかもしれない。

　大グループにおける通貨の研究を行う利点のひとつは、それが統計学的なアプローチを可能にするかもしれないということにある。利用できる統計資料が精密さに欠けるという批判が、疾病に関する統計資料の場合より軽くすむかはわからないが、それは、統計に関する能力があり、訓練を受けている人によって始められなければならない。もし、グループにおいて、疾病統計のパターンと為替相場の変動との間に何らかの相関関係が認められるならば、為替相場の変動と ba の変化との間に何らかの相関関係を確立することに真の価値が見出されるだろう。私が考えるように、通貨の価値には、想像されるよりはるかに大きな、心理学的根拠があり、特に支配的な ba と pm によるというのでないならば、通貨価値の心理学的源泉、すなわち賠償や花嫁代償の価値における為替相場の変動を他の源泉から分離し、それにより、貨幣価値の発生を証明しようとするあらゆる試み

は，非常に野心的なものとみなされよう。もし，それらの間の相関関係が証明されれば，基底的想定を臨床上の本質とみなすに値する証拠が提示されたと考えることにも一定の合理性があるかもしれない。同様に，プロトメンタル・システムの特性の解明を導くかもしれない。

ba における情緒のつながりを論じるにあたり，私は，あらゆる感情，たとえば不安について，ba の類型により異なると考えることの必要性を提唱した。貨幣価値の場合も同様に，baD と baF におけるそれは異なるものと考えなければならない。私が言いたいのは，貨幣価値は，量と同じく質的にも異なるということである。その意味するところは，W が充分に強く，baD が活動的な宗教的グループと，baF が活動的な戦時下とを比較し，貨幣への態度とその価値について考えるなら理解されるだろう。後者において，貨幣価値は戦争軍需品への交換性に連結し，前者において，貨幣には，時間的制約を越えて，人間以上の存在である神への依存に対する罪悪感を，善行により相殺する価値がある。baP における貨幣の価値は，花嫁代償，あるいは持参金により配偶者獲得を容易にする能力により決定されるだろう。

私の考えでは，基底的想定およびプロトメンタル・システムの概念が，それらが引き出されたのとは異なる領域の研究を促進することを示唆している。しかし，さらなる探求を可能にする条件が整っていると仮定してそれを始める前に，事実と密接に関連させることにより我々の思索を照合しておくほうがよいだろう。大グループにおいて，活動的な基底的想定が何であるかを述べるのが大変困難なことは明白である。たとえば，戦時下にある国家の ba は baF であると言えるだろうか。もしそうなら，それは国家のあらゆる部分に，たとえば農村部などにも当てはまるのだろうか。戦時下にある国家を baF の例証と想定するなら，問題の国家は，基底的想定と関連する現象に関するわかりやすい研究領域を提供してくれるのだろうか。発病率の変動に関する統計的根拠はどこに求めればよいのだろうか。為替相場の変動を明示する統計的資料とはどのようなものであろうか。また，我々が期待するような，為替相場や疾患発生率の変動と基底的想定と

の間に相関関係があるとして，それが1939年8月の基底的想定との間であるといったようなことを言えるのだろうか。

　たとえ患者の小グループに関する研究とかけ離れているように見えたとしても，これらの理論を大グループにおける近年の歴史に関連づけることには価値があるかもしれない。それにより，統計学的調査を含む，より野心的な計画に取り組む前に，実際の出来事への適用性を試すことができる。

▼註

1──キリストと神とは同一であると唱えた教派。［訳註］

▼文献

- Clay, H.（1916）*Economics : An Introduction for the General Reader.* London : Macmillan.
（経済学者の立場からみた通貨についての簡潔な説明がなされている）
- Einzig, P.（1949）*Primitive Money.* London : Eyre & Spottiswoode.
（アインツィヒは，ヒングストン・クィギンよりも慎重である。辿り着く結論が似通っていたとしても，彼は，貨幣の価値を規定する多くの要素に注目した。それは，あらゆる安易な一般化に対する健康的な矯正手段である。私の考えでは，ヒングストン・クィギンよりもアインツィヒが提示した複雑な事象に基底的想定の概念が光を当てるのではないかと考える）
- Gibbon, Edward（1781）*The Decline and Fall of the Roman Empire.* London : Methuen, 1909 Edition. Vol.II. Page 373.（中野好夫＝訳（1997）『ローマ帝国衰亡史』筑摩書房［ちくま学芸文庫］）
（神の性質と特質についての論争に関する歴史的研究は，私がbaDの特性として述べた多くの点を明確にするだろう）
- Halliday, J.L.（1948）*Psychosocial Medicine.* New York : Norton ; London : Heinemann（1949）.
- Hingston Quiggin, A.（1949）*A Survey of Primitive Money.* London : Methuen.
- Hodgkin, R.H.（1935）*History of Anglo-Saxons.* London : Oxford University Press. Vol.II. Page 579.
- Petit-Dutaillis, Ch.（1911）*Studies Supplementary to Stubbs, Constitutional History.* Manchester University Press. Pages 36-38.
（主題は，憲法の歴史に関する研究においてありふれたものであるが，賠償と基底的想定を結びつけようとする試みに対しては，確証としても反証としてもほとんど役に立たない）

- Toynbee, A.（1935）*A Study of History.* London : Oxford University Press, 1935 Edition. Vol.I.（長谷川松治＝訳（1975）『歴史の研究』社会思想社）
  （歴史研究における理解可能な領域に関するトインビーの考察は，集団の心理学の研究にも同じように適用できる）
- Wittkower, E.（1949）*A Psychiatrist Looks at Tuberculosis.* London : The national Association for the Prevention of Tuberculosis.
  （この研究は，疾患の心理的帰属に関する私の理論の妥当性をさしあたって判断するための基礎となる数多くの資料を提供している）

6

　本章では，小治療グループにおけるいくつかのポイントについて論じたい。まず解釈の変遷について考えてみよう。私が提唱する方法論に基づいてグループを扱う精神分析家は，すぐにそれが無益なものだと感じるようになるだろう。解釈による明確化の達成は不可能のようであり，それにより満足が得られたとしても，目的の達成が見込める理由はほとんどない。当初，私は，患者がグループを利用することにより達成しようとしているある種の抵抗に対して，精神分析の場合と同様個々への解釈を行っていた。そうすることで，私は，患者がしばしば得ようと試みる個人療法を行っていたのである。確かに，私は，医師として個人療法を行おうとしていた。しかし，実際には，それは，グループから「悪」(badness)を取り除く試みとして述べられうるものであった。医師にとってのグループの「悪」は，一見したところでは，治療的な道具としての不適格さにある。それはまた，すでに見てきた通り，患者にとっての不満でもある。そのように，グループの本質を無視する代わりにグループに対する不満に内容を与え，治療的にグループを扱うことに医師あるいは患者として失敗する場合がある。その失敗は，分析家が個人的解釈を与えようとする衝動に負けた瞬間に相当し，*baD* を解釈する代わりに *baD* に影響を受けたことによる。というのも，精神分析的と思われる解釈を個人に対して与えはじめるとすぐに，グループが医師に依存する患者によって構成されているという想定が強められるからであり，それこそが *baD* だからである。

今や，解釈を行う際に不正確さを感じさせるものが何であるかを理解することができる。それは，グループが，医師の寄与のうち基底的想定と一致する側面からの影響は受けるが，グループ行動の解釈を構成する部分からの影響はほとんど受けていないことへの認識である。目的を明確化しようとするなかで，私自身とグループのなかにある情緒的な性質に対する嫌悪のために，他のすべてのメンバーと同様，私も本当に苦しんだ。それは，人間のグループのメンバーにおける本質であり，グループと協同する能力の一種である。しかし，今後「協同」（cooperation）という単語は，他のメンバーとともにグループの課題遂行のために意識的・無意識的に働くことを表すために用いることを提案する。一方，上に述べた例のような，基底的想定における自発的・本能的な協同の能力に対して「原子価」（valency）という単語を用いることにしたい。

原子価

　この単語が示そうとしているのは，基底的想定を作り出し，それに基づいて活動するにあたり，グループと結合するために個人が有する準備性のことである。結合の能力が高い場合を高い原子価，低い場合を低い原子価という。私の見解では，精神的機能に限って言えば，原子価をもたないということは，人として生きるのを止めることに等しい。この単語は，目に見える心理学的事象やそこから引き出せるものを表すために用いられるが，それだけでなく，目的的というよりも，「想定」（assumption）という語が暗示するような植物の向性に似た人間のふるまいに特徴づけられる，ほとんど精神的とは言えないような水準の結合への準備性に対しても用いることにしたい。要するに，原子価という単語を，必要に応じて，プロトメンタル・システムのなかで生じる事象に対し使用したい。
　私が個人的な解釈を行う衝動に屈したときには，グループにおける私のリーダーシップは，外的現実を明確に認識し，それに光を当てるよりも，

むしろ苦悩を表現している。私の W への貢献は減少し，baD への貢献が，したがって全体としての「患者」的要素が増大している。

　私は，グループのメンバーが皆同様の苦痛を体験していると仮定することによりこの状況を処理する。精神分析的と思われる解釈を与えることを断念し，個人的寄与のある側面のみ，すなわち，個人が自分の問題に対する助力を求めるときに，グループを baD かあるいは baP や baF が成立するように誘導しているのかということに限定された解釈を行う。

　それにより，私のリーダーシップにおける「患者」的要素は減少し，個人の注意をグループのメンバーであることから生じるジレンマに集約することができた。これらの事実から導き出される結果について，当面，実際のグループ状況，およびここで言及した私のふるまいにおける「患者」的要素の減少から生じる結果の両方を無視しておく。

個人のジレンマ

　原子価における個人的寄与という機能に注意を向けることにより，私はグループを幼い状態に，そしてついには沈黙へと逃避させてしまったが，その速度は，グループがこの種の治療によって得た洗練性の程度に比して変化する。

　行動の解釈が実は非難の表明であるといった考えから生じる罪悪感を示すために必要な，解釈に関するありふれた記述に時間を費やすつもりはない。論証しなければならないのは，このジレンマを経験している個々人が，それにより脅かされ，基底的想定，およびそれを維持するために演じている役割に対する恐れを示しているということである。この恐れは，本質的にグループ生活に対する不適切感に関連しており，それまで思いもよらなかったような人間のグループに参加する複雑さについての洞察の増大をともなうものである。私はこのような，個々人のジレンマを，他のグループ現象がより緊急性をもって出現している間の中断がありながらも，グルー

プの存在の全体的過程を通じて明示しつづける。状況は不変であったとしても，次第に，ジレンマの角に突き刺されているという感覚や，グループへの積極的な参加を妨げられているという感じは減じられる。個人的なジレンマに精通するにつれわかってくる興味深い結果のひとつは，グループにおいて個人が「何もしない」でいることは，たとえ何もしていなくとも，できないことの表明になっているということである。そこで，我々は，異なる角度からではあるが，グループにおけるすべてのメンバーがグループのふるまいに対して責任を有しているらしいという気づきに再度行き当たるのである（p.56 を参照）。

　実際の問題は，私が記述したほど円滑に進むわけではない。というのも，すでに指摘した通り，数週間，あるいは数カ月もの間，グループにおける他の側面が押し出され注目を集める場合があるが，それは，グループが注目を集め，それを示すのに手を貸すことによる。これらの現象のなかには，セラピストの寄与における「患者」的要素の減少の結果によるものもある。したがって，私は，そこに立ち戻らなければならない。

　グループは，時に私が患者であることを要求し，時に私がグループの経験から利益を得ていることをほのめかす。このことは注意しておく価値がある。彼らの信念がこのように表現されることに寄与しているひとつの要素は，羨望（envy）である。彼らは，私のほうが他の人々よりも明らかにグループ経験を有益に利用することができ，その効力によりアリストテレスの言う「政治的動物」（political animal）に近づくことができ，それにより，固有の環境におかれた生物の成長と発達を獲得していると信じている。おそらく，私は，世話に関して正当な分け前より多くを手に入れている患者の典型である。そのような信念が，グループに他のメンバーをリーダーとして選ばせている。いずれにせよ新しいリーダーは，私の経験では，例外なく，まったくの精神科的症例である。彼は，グループを進行させており，自由に話しており，要するに，さまざまな点で私より進歩しているという点において賞嘆される。これらの賛辞に，つねに実質があるとしても，グループに持ち上げられた新しいリーダーが「症例」であることに疑問の余

地はない。

　我々は，以下のような結論に至った。グループは，最も病的であり，今やリーダーであるメンバーを支持し，なだめおだてへつらい，そして従っている。我々は，この展開を *baD* の二面性（dual）とみなし，それについてさらに考察を進めなければならない。

baD の二面性

　baD の単純な様相を呈しているときには，グループ内の全メンバーが私と特別な関係を有しているとみなされており，メンバー間の明確な接触はほとんど見られない。私が個人的な問題のすべてを解決し，個々人の福祉に関心を寄せているという考えと対立するような事実はすべて否認される。それは，単に言葉の上だけでなく，*baD* の情緒に相応しくない事実から生じる刺激は集合性無力症により排除される。解釈を行うのが私であれ他の誰かであれ，それは望ましくない事実である。なぜなら，それは，私がグループ経験において傑出しているという想定自体が検討に値することを示唆しているからである。これらの解釈を無視できなくなれば，グループは，ご機嫌を取らねばならない赤ん坊のように私を扱い，自己顕示に耽らせることにより解釈を *baD* の体系へと押しやる。ここに，私が *baD* における「単純な」型の二面性として記述した状態が現れている。私がグループを養育・支持しないので，グループの方が私を養育・支持するというわけである。ここで，私の仮説を根拠づける観念を読者に提供することの困難さについて説明しなければならない。個々人の匿名性を保つために実際の出来事を偽る必要性は別として，私は自らの理論を支持する出来事を記述するためにもそうしなければならない。私が私自身の仮説を生み出さなければならないことは明らかである。というのも，私が特別な方法で事象を見ているからであるが，その見方が正しいという証拠があるわけではない。そこで，記述は，具体的な出来事を装う仮説の反復にすぎないものとなる。

私は，読者に対して，より説得力のある何らかの方法を見出したい。そして，その目的のために，うまくいくかはわからないが，私の仮説によって光を当てようとしている現象の実例であると私に思えるものを，異なる現象への言及のなかに見出したい。どのような例示でも構わないが，まずはトインビーの『歴史の研究』（*A Study of History*）（1948, vol.1 pp.141-144）を取り上げよう。次の一節を参照することにより，読者は各々の見解を構成し，私が提示した理論と比較することができる。要約すれば，トインビーは，ケフロンとその後継者の下で行われたピラミッドの建設によって，いかにエジプトが疲弊していったかを明らかにした。私の理論を適用すれば，このような状況は，リーダーの不安を和らげるためのグループの動きとして記述されうる。このような不安の本質は，直接的ではないが，リーダーの死とその現実性を否認する（deny）必要性とに焦点づけられている。当面の私の目的からみて興味深いのは，グループにおけるその後の展開，つまりファラオ（王）が享受した待遇がグループ内の他の多くのメンバーへと拡大し，その結果，トインビーが言うように，まったく平凡な人々がファラオとまったく同様の待遇を，しかもより安価に享受するようになったことである。技法の変化により，非常に専門的な精神療法からファラオが得ていた利益が，まったく平均的な経済力の人々の手に届くものとなった。精神分析が提示した経済的問題の解決を集団療法に求める人は，実際には，古き良き時代の伝統に従っている。このような状況，つまりすべての人々が一個人を養うことに疲弊している状況は，私が *baD* の二面性として記述したものに相当する。それを見れば，*baD* へのより直接的な対処法をもたなければ，グループの安全性に関わる外的現実に専念するためのグループのエネルギーが，*baD* への対処にどれほど吸収されているかがよくわかる。

　これらの問題については，W, 特に作動グループの特殊な形態について考察する際に，より詳細な検討を行う必要があるが，ひとまずこの問題を脇へ置いておく。それは，これまで提示されてきた問題，すなわち，*baD* のグループにおける，リーダーシップと精神科的に最も重篤なメンバー

との間の密接な関係性という複雑な問題について考えるためである。ここで解明しようとしているのは，自然発生的なふるまいに任せられるときに，*baD* においてグループがしばしば最も病的なメンバーをリーダーに選ぶ理由ではない。それは，つねに認められてきたことであり，実際，宗教的なグループにおいて活動的かつ支配的なのは明らかに *baD* であるが，偉大な宗教上のリーダーは，一般的には，狂気か悪魔憑きとみなされている。同様に，*baD* グループのメンバーは，もし彼らが熱狂的な者に導かれていなければ，そうなるべきだと感じているのである。実際，彼らは，個々人すべてが依存している人，もしくは神によって話をされているという信念に反するあらゆる事実を否定する。同様に，彼らは，リーダー，もしくは神が正気であることを示すあらゆる事実を否定する。白痴は神聖であるとか，天才と狂気は紙一重といった信念はすべて，非構造的な状況においてグループが最も病的なメンバーをリーダーに選ぶのと同じ傾向を示している。もし赤ん坊のふるまいを身体的発達と関連づけて連想する習慣がなければ，実際，我々は赤ん坊を無意識的に狂気と認識するだろう。*baD* は，依存される者と同様に依存する者を必要とするのである。

作動グループにおける不安

W の詳細については後で再び取り上げるが，当面の問題は，*baD* の扱いに最も長けているグループ，すなわち宗教的もしくは聖職者のグループである。そのようなグループがつねに抱えている，*baD* におけるリーダーの問題の扱いは，まるで腫物に触るかのようである。*baD* におけるリーダーが実在の人間でないことを保証しようとする試みは，絶えず，しかもますます盛んに行われる。もちろんそのための最もありふれた方法は，神をリーダーにすることである。さまざまな理由によりリーダーの神化が不充分な場合には，その人が精神的な神になるよう努める。私の考えでは，このような試みの本質は，グループを次の2つの事柄から遠ざけておくこと

にある。それは，(1) 実在の人を選ぶこと，(2)「違憲」の方法，すなわち，感情が冷めてしまう，無記名投票のような規律的な方法ではない，自発的な選出法を認めることである。すでに述べた通り，聖職者は，baD の扱いに最も長けた W であり，実在の人物への要求を承認したとしても，ほぼ例外なくこれら 2 つの事柄を避けようとするものである。例外的な場合でさえ，無意識的であれ，聖職者はその危険性に気づいていることが示唆されている。預言者サムエルは，イスラエル神政終結の訴えを承認せず，それに屈することになった際には，上記の両原則を犯す方法でリーダーを選ぶようにした(1)（旧約聖書「サムエル記」第 1 章 8 〜 9）。それは，巧妙かつ有効な復讐であった。結果として，精神科的な勝者を選ぶ方法として望み通りのことが実現されたわけである。

不安の原因

　それにしても，聖職者は一体何からグループを守ろうとしているのだろうか。それは，無能なリーダーシップに内在する危険ではない。ひとつには，精神障害者によるリーダーシップがつねに無能なわけでは決してない。聖職者が，baD におけるリーダーシップの自発的な発展を恐れるには，ほかにより切実な理由がある。実例を示すためには，小グループ療法の経験へと再び立ち返らなければならない。

　グループがリーダーに選ぶのは，可能であれば，妄想型の統合失調症患者か，悪性のヒステリー患者である。そのいずれも叶わない場合には，非行傾向を有する精神病質者でもよい。精神病質者を選ぶのにも失敗したなら，口達者な高機能の障害者でもよい。5 名以上のグループでこれらのうちの好例を提供できないものはない。

　ひとたびリーダーを選び出すと，グループはその人物に敬意を表し，それに時折お世辞が加わる。「某氏は常に討論がうまく進むようにしてくれる」といった具合である。それが，リーダーとしての誰かの立ち位置を強

化する。私に嫉妬の徴候が見られるか試そうとする傾向も見られるが，その段階は速やかに過ぎ去る。X氏（女性），あるいはY氏（男性）なしにはグループは「やっていけない」といった発言がしばしば聞かれる。このような発言は，私に対しても向けられる。それは，取るに足らないものに見えたとしても，後に注意を払わなければならない重要な事柄である。

　グループの全メンバーが認めるある1人のリーダーシップが確立されると同時に，困難さが生じる。サウル王や王としてのコウノトリを求めるイソップ物語の蛙たちやファラオは皆，新たな状況におけるさまざまなグループの側面を描いている。すでに示した通り，グループは私の下へ戻ってくる。もちろんこのような状況に驚いているのは聖職者だけではない。*baD*が活動的なときはつねに，独裁制への恐怖が存在する。近年では，福祉国家の自由への専制的な干渉，あるいは，共産主義者や官僚などによる権利剥奪に対する恐れなどの例が挙げられる。このような状況における最もありふれた要求は，神への信仰に立ち返ることである。実際，治療的小グループにおいてこのような願いを抱かないメンバーがいるとしたら驚くべきことである。それは，現実のグループのメンバーのなかにリーダーシップを具体的に体現するのを避けようとする願望の表現である。事を成り行きに任せておけば，さまざまな救済策が提案されるだろう。選ばれたリーダーへの反抗，治療はすべてのメンバーのためのものであり1人が独占すべきでないとする主張などである。実際のところ，それらの解決法は，すべて歴史上試みられてきたものと密接に類似したものであることが認められる。グループが何に対してその身を守ろうとしているのかを記述することは容易なことではないのである。

グループにおける情緒的動揺

　Wという水準の治療的グループにおいては，状況は，リーダーと治療者が同一人物であることから生じる刺激に由来する，というのが私の結論

である。グループは，自発的に選んだリーダーが重篤な障害者であることを認めざるをえない。前述の通り，リーダーの「狂気」(mad)，あるいは，グループ自身や当該個人に対してよりお世辞的に言うなら「天才」(genius)は，baDの本質である。同時に，グループは，その人物が頼りになるリーダーであると信じざるをえない。このことは，ある見地から別の見地への一連の動揺によってのみなされる。もし私が干渉することなく安全性を脅かすほど状況を放置するなら，またたく間に動揺が生じる。そのような状況において，2つの信念を隔てる距離は大きい。というのも，リーダーは狂人であるという信念と，リーダーは我々の福祉を委譲するに足る頼りになる人物であるという信念以上に大きく隔たった見解というものは想像できないからである。動揺は速度を増し，逸脱も大きくなる。その結果，グループは情緒的状況をそれ以上受容できなくなり，他のグループへの暴力が，反応を吸収するに足るまで爆発的に広がる。実際のところ，小グループの場合，それは，外部の権威に訴える衝動として現れる。たとえば，報道機関や国会議員や医療機関の権威者に対する投書などがこれにあたる。他のグループを引き込む目的が，不快感を与えた精神科医への復讐であるという当初の想定は，正しくない。それもあるかもしれないし，結果として精神科医やグループに被害が及ぶこともあるかもしれないが，目的は，情緒状態を共有しない部外者を通じて，不活発な素材を引き込むことにある。かくして，新たな，そしてより拡大したグループにおいて，動揺は収束する。そこにはもはや，凶暴で不快な集合性の動揺は存在しない。

　問題は，明らかに，他のいくつかのグループや単体のグループ，あるいはグループの一部が動揺吸収のために引き込まれるその速度による。その速度があまりに遅いか，あるいはその規模が小さすぎる場合には，動揺はそれまで不活発であった領域にまで拡大し，状況は以前にも増して不快なものとなる。

　そのような爆発が生じるのは明らかに望ましいことではない。実際，研究のためでなければ，グループがその情緒を受容しきれないほどにまで放置することは正当化されえない。必要なのは，精神科医が，何が起きてい

るかをグループが洞察し，ba と W との接触がもたらされるように，解釈を見出し提供することである。

　それを成しうるのは，ここまで一般的な用語で述べてきた現象について，その発展を詳細に明示する解釈であると私には思われる。先に私がグループ活動の報告で述べた baD とその二面性に対応するような状況を，歴史書のなかだけでなく，新聞のような現代的な記事のなかに見出すことができれば，読者にとって興味深いことだろう。baD が刺激されることによる，あるいは，baD の源泉としての福祉国家への熱望から不安が生じるが，少なくともこの国における，いわゆる福祉国家についての報道の見解は，単純型であれ二面性であれそのような baD の不安を露呈しているように思える。しかし，付け加えておかなければならないのは，人は，自ら積極的に参加している小グループよりもそうでない場合に，これらの現象を見ることができると信じやすいということである。実際には，前者の経験のほうがより重要である。

▼ 註

1ー─民が王（神政から王政への移行）を求めた結果（自発的選択）として，サウル（実在の人物）が王に選ばれた。［訳註］
2ー─旧約聖書「サムエル記」に登場する，紀元前10世紀頃のイスラエル王国最初の王。神に選ばれ王となるが神の命に背き戦いで命を落とす。［訳註］
3ー─『イソップ物語』の「蛙の王様」。蛙たちが威厳のある強い王を与えてくれるよう神に祈ると空からコウノトリが舞い降りた。蛙たちはコウノトリを王として歓迎するがコウノトリは蛙たちを残らず食べてしまった。［訳註］

▼ 文献

● Toynbee, A. (1935) *A Study of History.* London : Oxford University Press, 1935 Edition. Vol.I. （長谷川松治＝訳（1975）『歴史の研究』社会思想社）

7

　前章で，グループにおける葛藤の一原因を記述した。ここでは，そうした葛藤，あるいは分裂につながるかもしれない1つの現象について考えてみたい。私は第5章で，「発達」(development) が作動グループの重要な機能であると述べた。それは，作動グループが基底的グループと異なる一側面でもあるからだった。作動グループは，必ず現実を考慮に入れるので，フロイトの個人に関する論考のなかで，自我にあるとされるいくつかの性質をもっていると言えるだろう。作動グループは，現実を考慮するので，その手法は最終的に科学的になる。そこで大切なことは，グループやグループを構成する個人からの発達が要求されたときに表れる抵抗である。

分裂（Schism）

　人間の性格特性によって，個人は2つのサブグループのうちのひとつに固執する。1つのサブグループは，さらなる進歩を妨害し，依存するリーダー，あるいはリーダーの代わりになるバイブルに忠誠を尽くすことに専念する。このサブグループに固執する人は，「（そのグループの）神の言葉」(The word of (the group) god) である伝統か，変化に抵抗するためにグループの神になった誰かに興味を注ごうとする。このサブグループのメンバーたちは，グループに固執することが，痛みのある犠牲を要求するものでは

なく，いかにも普通であるというような方法で，リーダーやその代理のものを操作する。精神活動は，あるレベルにおいては安定し，おしつけがましく，平凡で，痛みがない。発達は抑えられ，結果として停滞が拡がる。

相反するサブグループは，表面的には新しいアイデアを取り入れるが，最初のサブグループのように同じ結果に達する。しかし，かなり異なる方法をとる。すなわち，新しいメンバーを決して入れないということである。こうした方法で，発達的な葛藤の本質である，新しい人とそうでない人，原初的なものと知的なものが一緒になることによる痛みがなくなる。いずれのサブグループもこのように同じ結果に辿り着く。つまり，この葛藤が終わるのである。これまでのことを明確にするために大げさに言うとすれば，一方のサブグループは発展しないが，原始的で単純なメンバーが増えていくだろう。もう一方のグループは，発達はするが，狭い領域で新しいアイデアと原始的状況が一緒になってもたらす痛みを避けるために，ほとんど新しいメンバーを入れない。その仕組みは，共同体における個人の洗練の程度を等しくし，個人のなかにある発展と本能の間にある葛藤を妨げるものである。私は，社会というものがより低い文化度や，より少ない教育を受けたメンバーたちは増えていく一方，「最も」優れた人たちは変わらないままであると考えている。

私がここで極端な形として述べた分裂と，外のグループを吸収することで葛藤を終わらせるときに起きる場合と比較すべきであろう（第6章）。つまり，分裂的なグループは，内的争いか，あるいは外的な争いによって問題解決を試みるのである。

グループに関するその他の見解

私はここで，前述した主要な内容についてわかりやすくするために，グループについてこれまで提唱してきた多くの見解と比較してみようと思う。

他者やグループに対する個人の関係についての問題は，古くから議論さ

れてきた。プラトン（plato）は，グループにおける個人の機能，すなわちグループの調和の取れた生活のために靴屋が自分の仕事を全うする例えを用い，その必要性を強調していた。この見解は，現代の心理学の複雑さからは単純素朴に見える。しかし，この記述には本質的なものが含まれていることを忘れてはならない。個人が合理的な存在であり，思考というものは現実によって統制されているということが前提になっている。もし個人が自分の仕事に専念し，他の人の仕事を実現させるために協力するならば，すべてうまくいくだろう。私の用語を使えば，これは，作動グループが集団の精神生活における唯一の構成要素であるなら，まったく難しいものではないということと同じ意味である。しかし，私がこれまでずっと書いてきたことのポイントは，作動グループは，他のグループの精神的影響によって絶えず揺さぶられるということである。

　そのことは，早くから明らかになっており，プラトンの理論が，実例に基づいたものではないということで，不満に感じられるようになった。とりわけ，アリストテレスがこのことを批判している。しかし，我々の目的のために，聖アウグスティヌス（St. Augustine）が『神の国』を著すまでの過程を考慮する必要があるとは思わない。アラリック（Alaric）がローマを攻め落としたことはとても衝撃的なことであったので，アウグスティヌスが国に住む人間関係全般の疑問を再び考えるようになったことが重要である。彼が行ったことは，神と個人の関係を通して人との関係の調和がとれるような天国のような街を仮定したことである。この見解は，プラトンのものとは随分と異なる。アウグスティヌスは，新しい次元を取り入れたのである。彼の仮定は，私が作動グループと呼ぶところのプラトン的描写が，集団の十分な見解ではないということをほのめかしている。つまりは，私が依存グループであるとしたものにとても近い。私はすでに依存グループの状態を説明したが，そこでの個人は互いの関係はもっておらず，それぞれが依存するリーダーと関係がある。アウグスティヌスは，古典的見解にまったくもって戻ろうとしなかったので，彼が検討しなかった現象をホッブズ（Hobbes）もほぼ無視した。

最近リベラルな人たちは，感情と理性が容易に調和することを議論してきた。すなわち，私の言葉では，作動グループの働きと，基底的グループの働きは容易に調和することができるということだ。ニーチェ(Nietzsche)は，この見解に対して反応を示し，グループは攻撃衝動の解放によってのみ，活力を得ると提案している。私の言葉では，この活力の感覚は，基底的想定，とりわけ，闘争－逃避グループが支配的なときにのみ達成されることを意味する。私の経験のなかでは，すべてこれらの見解は，そのときに支配的になった行動がある形か他の形で表れているようだ。私がこれまでの記述のなかで述べてきたことからもわかるように，そうした見解が普遍的な回答を提供しているものではないと考えている。グループの反応は既存の理論がどんなに展開したとしても，それより無限に複雑だということを示してみたい。フロイトは，精神分析から導きだせる批判に基づき，他の研究者たちによるグループの表面的研究を否定した（「集団心理学と自我分析」(Group Psychology and the Analysis of the Ego),『トーテムとタブー』(*Totem and Taboo*, 1950, p.75, fn.I)）。

フロイトは，「集団心理学と自我分析」のなかで，個人の心理というものはそれ自身が他人や対象との相互関係にあるので，個人心理と集団心理は完全に分けることはできないという指摘から議論を始めている。フロイトは数の要因に対し，それだけでもって他の方法では活動しない新たな本能を精神生活にもたらすほどの意義を付与することは困難であるとしている。

私の考えでは，新しい本能が活動するのではなく，それは絶えず活動しているのである。人々をグループとして集めたことの唯一のポイントは，人間の「政治的な」特徴がどのように活動するのかが見えやすくなるということだけである。私がすでに述べたように，多くの人が一緒にいることが必要だとは考えていない。個人は，実際にグループに属していないと考えているときでさえ，グループのメンバーに属しているのである。この点から言えば，精神分析の状況は，「個人心理」(individual psychology)ではなく「つがい」なのである。個人は，単なるグループと争う集団動物(group animal)ではなく，集団動物であるための自分自身と「集団性」(groupishness)

を構成している自身の特性の側面と争っている。グループが部屋で集まることは，研究条件を提供できるという意味で必要である。フロイトや，マクドゥーガル（McDougall）やル・ボン（Le Bon）といったフロイトが引用した人たちは，集団心理学は，たくさんの人が同じ場所，同じ時間を一緒に集まるときに生じる何かであるということを考えていたようだが，フロイトのあまりに数への寄与を重要視しすぎているという意見に私は同感である。私はフロイトが誤っていたと思うのは，その回答に二者択一しかないと述べたことである。

(1) 社会的本能（social instinct）は原始的ではないという可能性　あるいは
(2) 社会的本能の発達は家族のような様式で始まるという可能性

しかし第3の選択肢があるのだ。実際のグループの重要性は，分析家と被分析者との重要性と同じであると私は言いたい。精神分析を受けている人にとって必要なことは，転移関係を明白に示すために精神分析家のところへ来ることである。同じように，グループは一緒に集まることが大事なので，その結果，グループと個人の特性が明らかになるだろう。しかし私は，グループになるということに，本質的な重要性があるとは思っていない。私にとって，大声で叫ばずに解釈を与えられる程度に，グループが集まるということは大事である。

この意味は，人数には制限がなくてはならないということである。グループの分散の程度も同じように制限がなくてはならない。なぜなら，すべてのグループの参加者たちに私の解釈の基礎になっている事実に注目する機会をもってほしいからである。同様の理由で，個々人は同じ時間に集まる必要がある。ある特別な場所と時間にグループが集まることは，純粋な物理的理由においてとても大事であるが，しかし，グループ現象が生み出すいかなる場合においても疑いがないわけではない。その疑いとは，ある現象がその存在を提示できた時間から始まるという，誤った印象から来

ている。大事なことは,時間と空間から切り離されたとしても,誰もグループの外にいることや,グループ心理の積極的な表明が欠くことはできないということである。もちろん,そのことを明らかに提示できる状況がいつも存在するというわけではないけれども。人間は,集団動物であるという考えを受け入れることが,グループはそのメンバーたちの合計以上のものであるという逆説的に見える難しい問題への答えとなるだろう。ある現象の説明は,グループを作る個々人のなかではなく,グループの母胎のなかで求められなければならない。正確な時刻というものは,時計の機能のそれぞれ独立した部分の機能によるものではなく,それらが互いに組み合わさった結果であるように。

グループが,そのメンバーの集合以上のものであるという考え方に混乱の余地がないのは,時計が,その部品の集合以上のものだという考え方にそれがないのと同様である。

要約すると,個々人がもっている特性は,集団動物としてのその人の装置の一部分であるということを認識できない限り,本当の意味は理解できない。あなたは,孤立している世捨て人がかつてメンバーであったグループについての知識がない限り,彼を理解することはできない。このような場合,グループの問題ではないと議論することは,その人が単純で知覚力を欠いているということを証明しているにすぎない。こうした理由から,私は,リックマンによる二者関係,三者関係という用語を使うことを好まない。私はこの言葉が,あまりに単純な解釈につながりやすいと思うからである。私の考えでは,世捨て人が観察者と同じ場所にいるから二者関係とみなすことができ,より理解できるとは思わない。私は,その世捨て人と観察者が同じグループであったのか,もしそうでないなら,2人がどんなグループに属していたのかということを知りたいのだ。さらに,その他の人たちの「存在」(bodies)が見えないという事実も私にとっては大した問題ではない。こうした議論は,歴史的な人物への精神分析学研究に対する反対意見として貢献できると言えば,私の立場はより明確になるかもしれない。

グループ現象を考慮しないことによる精神分析学における誤りの影響は，分析家と被分析者が，共にグループの緊張状態を経験しているという事実により，和らげられていると思う。今日，分析家は，研究対象とするその人が置かれている状況の知識をもつことの重要性を意識しているが，歴史上の人物がどのように生きてきたかを知ることが難しいように，患者の生活状況を知ることは難しい。

　フロイトは，グループについての議論のなかで，神経症の説明を，個々人のなかにではなく，個人と対象との関係のなかに探し求めた革新的な特性について，あまりはっきりとは自覚していなかったように私には思える。グループを調べることについての大事なポイントは，それが，研究の領域を変え，グループの外では研究できない現象を含んでいるということである。研究領域としてのグループ以外のところにおいては，それら現象の活動は，目に見えるものとはなってこないのである。1つの部屋のなかに集まった人たちの感覚にあるグループは，一人ひとりの集まりに何も付け加えるものはない。そこには，ただほかでは見ることができない何かを明らかにするのである。

　言い換えれば，集団心理学と個人心理学の間にある外見上の差というものは，個人心理学の解釈から集団心理学の理解を提供しているため，幻想にすぎないのである。フロイトは，彼のグループに関する見解がアニミズムから来ていることについて，どこにも記述していない。つまり，彼の貢献は，物質と意見の両方を選び出したことにある（「トーテムとタブー」p.75, note 1）。グループ行動に関する説明は，精神分析的状況から推論から導き出されたものである。フロイトのグループに関する記述や，さらにル・ボンの記述もそうであるが，私のグループ経験に基づく考えと比較すると何か奇妙に読み取れるのは，おそらくこの理由のためだろう。たとえば，フロイト（1921）が，ル・ボンによる「グループは事実を渇望することは決してない。グループは，幻想を求め，それなしには存在しない」という記述を引用するとき，私はこの内容にどうしても賛成できないのである。私は，作動グループには，大きな力と影響があると考えている。作動

グループは、現実を重視するので、どんなに未発達な形であったとしても、科学的な手法を用いらざるをえないのである。私がグループについて素晴らしいと思うことのひとつは、基底的グループの影響があるにもかかわらず、長期的に見ると作動グループが勝利を収めることである。フロイトは、民謡や民話のような言葉を生み出すことにおけるグループの役割について検討するとき、ル・ボンの記述は、グループには当てはまらないと述べている。フロイトは、マクドゥーガルが「構成の状況が、グループ形態の心理的不利益を取り去る」と考えていると指摘し、マクドゥーガルの高い凝集性のあるグループについての見解を批判した。この意見は、私の考える特殊作動グループ（specialized work group：SWG）がもつ機能、すなわち基底的グループが作動グループの活動を邪魔しないように抑え操作することと極めて近い。フロイトは、この問題について、個人の特徴であり、グループになることによって失われるそのような特性をグループのために媒介するとして説明している。フロイトは、原始的グループの外で、自己の連続性があり、意識があり、伝統と習慣、機能と立場をもっている個人を仮定した。フロイトは「組織化されていない」グループに入ることにより、個人というものはしばらく自分の特殊性を失うものだと述べている。私の考えでは、個人が自分の特殊性を守るための戦いは、そのときのグループの心的状況によって性質が異なる。グループの組織化は、作動グループに安定と永続性を与えるが、もしグループが組織化されていないときには、基底的グループによって簡単に沈められる。個人の特殊性は、基底的グループが活動しているグループ生活の一部ではない。組織化と構造は、作動グループの武器である。それらは、メンバー間の協力の産物であり、グループのなかで一度確立されたら、そのグループの各個人からさらなる要求がある。この意味で、マクドゥーガルの言う組織化されたグループは、つねに作動グループであり、決して基底的グループにはならないということである。基底的グループに基づいて活動しているグループは、組織化も協力も必要はない。基底的グループにおいて協力に相当するものとして、私が原子価と呼ぶものがある。それは、人間の特性のなかにあるグループに参

加するための内発的で無意識的な機能である。グループが基底的想定の下で行動しているときにのみ，困難が生じる。行動は必然的に現実を考慮し，その現実を考慮することが真実を重視することにつながり，それゆえに科学的手法が強制され，作動グループが喚起されるのである。

　我々は，もう一度特殊作動グループについての考察に戻ろうと思う。私が述べたように，フロイトは転移における研究からグループ状況を推論したことによって不利な立場にあった。私が挙げたいくつかの理由から，転移は，つがいグループに由来するグループ特性をもつものである。すなわち，精神分析のなかで実際に存在するつがい状況の刺激によってグループ現象が動くと考える。精神分析における性的要素の優位性や精神分析が「性的」であるとするフロイト反対者たちの疑いや批判といったことは，グループ状況のなかで我々が簡単に見つけることができる。グループに関する彼の意見の結果として，精神分析から軍隊や協会といった2つの特殊作動グループ機能のいくつかの特性を導き出したことである。しかし，それは，つがいグループを扱わなくてはならない特殊作動グループの考察につながるものではなかった。つがいグループを処理しなくてはならない社会のなかのサブグループは，生まれることを最も重要とする，まさに貴族社会のようである。もし作動グループが支配的な役割を演じるならば，遺伝研究のための補助金のような何らかの活動が表現されることになるであろう。つまり，我々は何か生まれることに関心を示すことは，作動グループの特徴である科学的な感覚をもつものとしてみなしていない。その理由はもちろん，ただ単に作動グループの問題を扱うものではないからである。軍隊や教会がそれぞれ闘争－逃避グループと依存グループを扱わなければならなかったのと同様に，特殊作動グループは，つがいグループを扱うために切り離されたのである。こうした理由で，メインとなるグループとこのサブグループとの関係性は，愛情問題を厳格な遺伝的原理に基づいて取り扱うような科学的手法で決めているものではない。むしろ，作動グループの機能をもつグループ全体に，つがいグループが邪魔しないよう処理されるべきだという集団の要求を満たすための効率に基づいている。

さて，つがいグループにおける不安は，グループと個人の両方がまだ生まれていない天才に役立つといった感情に由来していることはすでに述べてきた。貴族社会の機能は，現実感覚を破ることなくつがい基底的想定に基づく行動に，はけ口を見つけることである。つまり，時としてグループの現実感覚がグループの制度を崩すことを防止し，グループはその制度を守るために，つがいグループの表現は害のない手段として準備されているのである。

▼ 文献

- Freud, S.（1913）*Totem and Taboo.* Trans by J. Strachey. London : Hogarth, 1950.（須藤訓任・門脇 健＝訳（2009）「トーテムとタブー」『フロイト全集 12』岩波書店）
- Freud, S.（1921）Group Psychology and the Analysis of the Ego. London : Hogarth, 1922. *Complete Works, Vol.18.*（須藤訓任・藤野 寛＝訳（2006）「集団心理学と自我分析」『フロイト全集 17』岩波書店，pp.127-223）

再考

集団力学

　フロイトは、ル・ボンやマクドゥーガルやその他の研究者が行った人間のグループの研究における不明瞭な点のいくつかを、自らの精神分析的経験に基づき明らかにしようと試みた。同じ問題について、私は、最近の精神分析の発展、特にメラニー・クライン（Melanie Klein）の研究に関連した議論を提供する。彼女は、個人がその人生の始まりにおいて乳房（breast）と接触し、さらに、原始的な認識の急速な拡大にともない家族グループと接触するようになることを示し、さらに、その接触の性質が固有の特性を現すことを示した。それは、個人の発達にとっても、そして、直観の天才であるフロイトがすでに提示した機制の理解を補完するためにも大変重要なものである。

　私が示したいのは、成人が集団生活の複雑性と接触する過程で示す、メラニー・クライン（1931, 1946）が発達早期の精神生活における特徴として提示した機制への集合的退行（massive regression）である。成人は、生活を営む集団において、情緒的生活との接触を確立しなければならない。この課題は、乳児にとっての乳房との関係と同様に、成人にとって脅威を感じさせるものとして生起し、退行（regression）は、課題への対応の失敗を露呈する。個人の集合とは異なるものとしてグループが存在するという信念がこの退行の本質であり、同時に、個人が想像上のグループに付与する性質でもある。退行により「個別性」（individual distinctiveness）（Freud, 1921, p.9）を失った個人は、離人症と区別できないため、個人が集合しているという観察は曖昧なものとなる。このような事実により、グループの存在という幻想に内容が与えられる。つまり、もしグループの存在を観察者が認めるならば、グループを構成している個々人は、このような退

行を経験しているに違いない。反対に，（同じ退行状態にある人々の集合という意味での）「グループ」を構成している個々人が，何らかの理由により各々の個別性を自覚するようになれば，グループは，いわゆるパニック状態となるだろう。このことは，グループの解体を意味しているわけではない。後述するが，私は，パニック状態にあるグループにおいて凝集性（cohesiveness）が失われるという考えには同意しない。

本章において，私は，現代の精神分析的訓練により発展した直観（intuitions）をグループに適用することによって到達したいくつかの理論を要約し述べる。それらの理論は，情緒的圧力を伴う状況下で記述を試みたなかから演繹されたという点において，良くも悪くも他の多くの理論と異なる。私は，精神分析における新たな概念をいくつか導入する。その理由は，扱っている対象が異なるためであり，また，もし既存の理論を逃れることが精神分析的観点に基づく個人とグループとの比較につながり，その結果として，両者が，相補的なものとして評価されるのか，あるいは相異なるものとして評価されるのかを知りたいからである。

グループが私に対し一定の態度を示しており，それを言葉にすることができると思うことがある。別の誰かが，同じくグループから向けられた一定の態度を感じているように振る舞っており，私はその人の信念を導き出すことができると思うこともあった。グループが特定の個人に対して一定の態度を示しており，それが何であるかを述べることができると思うこともあった。このような機会は，解釈（interpretations）の基礎となる生の素材を提供する。しかし，解釈そのものは，私や他の個人に対するグループの態度，あるいは，グループに対するある個人の態度であると私が考えるものを，正確な陳述に翻訳する試みである。私が活用できたのは，これらの機会のうちのごく一部であった。ある解釈が明白であり，かつ気づかれていないときに，私は解釈のための機が熟したと判断する。

グループが一連の複雑な情緒状態を通過するなかで，私はこのような役割を果たそうと試みた。それにより導き出された集団力学（group dynamics）的理論は，何が起きているのかに光を当てるためにも，また，

発達を促進するためにも有効であることを私は発見した。以下に述べるのはそれらの理論の要約である。

作動グループ

　精神的活動における一定の傾向はどのようなグループにも認められる。あらゆる集団は，些細なことであれ何かを「成す」(do)ために集まるのであり，その活動において，メンバーは各自の能力に応じ協同する。この協同は自発的なものであり，ある程度は洗練された個人的な能力に依存する。この活動に参加することができるのは，何年にわたる訓練を積み，精神的発達を可能にする経験への受容力をもつ者に限られる。この活動は課題（task）に向けられているため，現実と関連をもっており，用いられるのは，合理的な，したがって，いかに萌芽的であるにせよ科学的な方法である。それは，フロイト（1911）が自我（ego）の特性と考えたものに似ている。私が作動グループと呼んでいるのは，グループの活動におけるこのような側面に相当する。この用語が表すのは，特殊な性質の精神的活動であり，それに従事する人々ではない。

　集団精神療法のセッションには，個人が助けを求める問題の解決に方向づけられた精神的活動がつねに観察される。そのようなグループの一局面を例示しよう。

　6名の患者と私は，小さな部屋で円座している。A氏（女性）が，もしメンバーの同意が得られるなら互いを下の名前で呼び合うのは良い案だと思うと提案する。[2]話の口火が切られたことへの安堵から，視線が交わされ，グループはつかの間偽りの生気を帯びる。それは良い提案だとB氏（男性）が勇敢にも発言し，そうすることで「より親密になれるだろう」とC氏（男性）が述べる。励まされたA氏（女性）が名を明かそうとするのに先んじて，D氏（女性）が，自らの名が好きではないので，できれば知られないほうがよいと言う。仮名ではどうかとE氏（男性）が提案し，F氏（女

性）は爪をいじっている。A氏（女性）の提案から数分のうちに，議論は下火となり，密かな目配せがそれに取って代わり，次第に増えていく。それは私へと向けられる。奮起したB氏（男性）が，何とか互いを呼び合わなければならないと言う。今や，気分は，不安（anxiety）と高まる欲求不満（frustration）とが混ざり合ったものになっている。話題にのぼるずっと以前から，グループが私の名にとらわれているのは明白である。成り行きに任せていれば，グループは無気力と沈黙に移っていきそうである。

　出来事におけるそのような側面を示すことによって，作動グループという用語を私がどのように用いているかを表すことが，当面の私の目的である。グループのなかでも私は同じことをするが，それは，グループの精神生活における文脈のなかに現れている出来事の重要性の査定（assessment）による。第1に，もし7名の人々が話し合う場合，名前を使用できれば議論の助けになるだろう。議論が事実への気づきから生じるものである限り，それは作動グループの産物である。しかし，そのグループは，課題が何であれあらゆるグループの助けとなる初歩的な提案を通り過ぎた。下の名を使用するという提案は，親睦を深めるという理由でなされた。私が言及しているグループの場合，正確には，親睦を深めることが，治療的な必要性と厳密に関連するとみなされていた。この時点において，D氏（女性）の反論やE氏（男性）の提案した解決策もまた，治療的な必要性に基づきなされているとみなされたこともまた真実であろう。私は実際，彼らの提案が，明示されてはいないが，もしグループが喜ばしい感情だけを経験するよう導かれるならば，我々の病は癒されるであろうという理論に一致することを指摘した。作動グループの機能には，以下の要素が含まれていなければならないことがわかるだろう。すなわち，行動への翻訳を企図された思考（thought）の発達，（前掲の例では親睦の必要性が何に基づいているかを示すような）理論，環境の変化が，たとえそれに対応する個人的な変化を一切引き起こさないとしても，それ自体で充分治療に役立つという信念，最後に，「真実」（real）であると信じられるような事実の提示である。

　最終的に，私は，提示した実例において起きたことを，そう呼んではい

ないが，作動グループ機能として示すことができた。それは，喜ばしい感情のみを経験するグループに治癒はもたらされるという考えに基づいていたが，待望の治癒を生み出すことはなく，それどころか，名前で呼び合うといった一見単純な活動への限定的な翻訳でさえ，ある種の困難さにより阻まれたという事実を示すことができた。作動グループ活動の阻害要因に関する議論に移る前に，すでに明白ではあるが，ここで私の理論を解説することに伴うある困難さについて述べておこう。私にとって，ここまでそうしてきたように，グループにおける出来事を記述しそこから理論を導き出す試みは，起きたことを単に別の言葉で言い換えるための理論を述べているにすぎない。読者がこのジレンマから救われる唯一の方法は，これまでに参加した委員会やその他の集会の記憶を想起，実際の管理組織や議長などの素材を考察に含めることも忘れずに，私が作動グループ機能と呼ぶものの存在を示す証拠をどれほど想起できるか検討することである。

基底的想定

作動グループ活動に関する解釈の多くは，不明瞭なまま残されている。名前の使用という提案は，単に会合における現実的な要請にのみ動機づけられたものだったのだろうか。結果的に明らかになったのは，盗み見や分析家の正しい呼び方へのとらわれを，作動グループ機能に関連した有用なものとして解釈することはできないということである。

作動グループ活動は，強力な情緒的衝動（emotional drives）の特性を共有する他の精神的活動によって，阻止され，転用され，時に助けられる。その活動は，一見混沌としているが，グループ全体に共有される基底的想定に起因すると仮定すれば，一定のまとまりを与えられる。私が挙げた実例においてグループ全体が共有していたのは，私からある種の手当てを施されるために集合したという想定であり，その認識は容易に得られた。しかし，作動グループ機能としてこの想定を探索していくと，それに付随す

る情緒的な力により付与された現実性に行き当たる。それは，より洗練されていないメンバーが意識的に抱く素朴な期待とさえ一致しないものであった。さらに，たとえば科学を専攻したような洗練された個人でさえ，そのふるまいは同じ考えを共有していることを示していた。

　第1の想定は，グループが，物心両面における滋養と保護のために依存するリーダーによって扶養されるために集合しているというものである。このように述べると，第1の基底的想定は，前述の「私からある種の手当てを施されるために集合した」ような集団という記述を繰り返しているだけで，異なるのは比喩的な表現を用いていることだけだとみなされるかもしれない。しかし，本質的なことは，私の説明が比喩的ではなく文字通りに受け取られる場合にのみ，基底的想定は理解されうるという点にある。

　以下の記述は，私が依存的想定（dependent assumption）と呼ぶものが活発な治療グループからのものである。

　参加者は，3名の女性と2名の男性である。以前には，グループは，各メンバーの持つ障害の治療に方向づけられた作動グループ機能の徴候を示していた。ここで起きていることは，それに失望したことへの反応とみなせるかもしれない。彼らは，問題の整理をすべて私に委ね，個々の質問に私から解答を得ることで満足していた。1人の女性がチョコレートを持参しており，右隣の女性に遠慮がちにそれを勧めていた。1人の男性は，サンドウィッチを食べていた。哲学を専攻し，神や宗教は信じないと初期のセッションで話していた男性は，いつものように黙って座っていた。1人の女性が，辛辣さをわずかに含む口調で，彼が質問をしないことを指摘した。彼は，「ここに通ってさえいれば，何もしなくてもすべての質問に対する答えが得られるとわかっているので，私は話す必要を感じないのです」と答えた。

　そこで，私は，私がグループの神（deity）のようなものに祭り上げられたのだと述べた。質問は，労せずして解答を知っている者としての私に対してなされており，食べるという行為は，彼らが保持したいと願う私に対する信念に実質を与えるためのグループによる操作の一部であり，哲学

者の返答は，祈りの効用を信じないといったものではあったが，神を信じないという以前の発言とは矛盾しているようであった。解釈を始めたとき，私は，その正しさを確信していただけでなく，多くの素材（ここに記載できたのはそのほんの一部にすぎない）を提示することにより，彼らにも同じ確信をもたせることができるということに何の疑いも抱いていなかった。話し終わる頃には，私は何か過ちを犯してしまったように感じていた。私は虚ろな表情に取り囲まれていた。確信の根拠は消え去っていた。しばらくすると，サンドウィッチを食べ終わった男性が，注意深くたたんだ紙をポケットに入れ，眉をわずかに上げ，もの問いたげな目つきで室内を見回した。女性の1人は緊張した様子で私を見ており，もう1人は手を組み瞑想に耽るように床を見つめていた。真の信者グループのなかで冒瀆の罪を犯してしまったとの確信が，私のなかで強くなりはじめていた。2番目の男性は，椅子の背もたれに肘をかけ指を遊ばせていた。チョコレートを食べていた女性は，最後の1つを慌てて口のなかに放り込んだ。そこで，私は次のような解釈を行った。集団の神に対する疑いを生じさせたために，私は大変な悪者となった。しかし，集団は不信心を断ち切ることができなかったので，罪悪感（guilt）と不安が増大するに至った。

　理由は後々明らかになればよいと思うが，上の解釈において，私は，もっぱらグループにおける私自身の反応に言及した。解釈の最も強力な根拠が，グループにおいて観察された事実のなかにではなく，分析家の主観的反応のなかにあるとされるならば，その説明は集団力学のなかよりも，分析家の精神病理学のなかに見出されるだろうといった議論には正当性がある。その正当な批判に応じるには，複数の分析家による長期にわたる慎重な作業を要するが，まさにその理由により，私はそれを棚上げにし，本書全体を通じて支持する論点に移ることにする。それは，集団療法における多くの解釈，なかでも最も重要な解釈は，分析家自身の情緒的反応を頼りになされなければならないということである。そのような反応は，グループを扱う分析家が，メラニー・クライン（1946）の言う投影同一化（projective identification）の受け手となっているという事実に依拠しており，この機

制がグループにおいて果たす役割は非常に重要なものであるというのが，私の信念である。今や私にとって，逆転移（counter-transference）の経験は，まったく明瞭な性質を有しており，それによって，分析家が投影同一化の対象となっている場合とそうでない場合とを区別することが可能になる。分析家は，いかに認めがたくとも，誰かの幻想（phantasy）の一部を演じるよう操作されていると感じる。あるいは，後から思えば一時的な洞察の喪失としか言えないような強い情緒的経験，それと同時に，原因に関する難解な説明がなくとも，客観的な状況からみてその存在がまったく正当なものであるという信念（belief）を実感する。分析家の観点からすれば，この経験は2つの密接に関連した位相，すなわち，第1に，何をしたとしても，やはり正しい解釈を与えることはなかっただろうという印象，第2に，特殊な情緒的状況における特殊な種類の人間であるという感覚から構成されている。このような状況に伴う現実感の麻痺した感じに自身を震撼させられることこそ，グループを扱う分析家に必須の能力であると私は信じている。もしそれができれば，私が正しいと信じる解釈を与えることができる。したがって，妥当性の疑わしい以前の解釈との関連を検討することもできる。

　第2の基底的想定の考察に戻ろう。第1のものと同様に，これもグループが相会する目的と関連している。私の注意はまず，あるセッションにおいて，一組の男女が会話を独占し，多かれ少なかれ他のメンバーを無視していることに向かった。時折交わされる他のメンバーの視線は，それほど深刻に思い込んでいるというわけではないが，2人が恋愛関係にあるという見解を示唆しているようだった。もっとも，会話の内容は，他の状況におけるやりとりと大きく異なるとは決して言えないものであった。しかしながら，私にとって印象深かったのは，治療的活動とみなされるもの，すなわち，そこでは話したり私やグループ内の他のメンバーからの「解釈」を受け取ることに相当するが，通常はそういったことからの排除に敏感なメンバーが，この男女に完全に場を明け渡し，まったく意に介しているように見えないという事実であった。後に明らかになったことであるが，つ

がいの想定が生起しているグループにおいて、つがいの性別は特に重要なことではない。セッションの空気は、希望と期待に満たされており、退屈と欲求不満に満ちたいつものそれとはかなり異なっていた。私がつがいグループ（pairing group）の名の下に注意を喚起している要素が、独占的な、あるいは主要なもののひとつであるとみなされるべきではない。事実、精神分析において我々に馴染みの種類の心の状態を示す証拠が多く認められる。一例を挙げるなら、グループ状況への個人の反応のうちに、原光景（primal scene）の行動化（acting out）に近い証拠を見出すことができなければ、それは実に驚くべきことである。しかし、私の見解では、そのような反応に注目しすぎれば、グループの特性を観察することは極めて困難になる。それだけでなく、このような注意集中は、最悪の場合、グループの治療可能性の追求よりも、低俗な精神分析を導くことになると私は考える。他の状況の場合と同様に、ここでも精神分析に馴染みの多くの素材が想定されるが、グループ状況におけるその評価はいまだ保留されなければならない。当面これらの素材を無視し、つがいグループの特徴として挙げた希望に満ちた期待の空気に関する考察へ戻ることにしよう。それは通常、言葉にするなら、次のような表現に見出される。すなわち、結婚が神経症的障害を終わらせるだろう、集団療法の周知が社会を変革するだろう、春夏秋冬のいずれであれ、来たるべき季節はより過ごしやすいだろう、新たな種の共同体、つまり進歩的なグループが現れるはずだ、等々。これらの表現により、注意は、将来起こるかもしれない出来事のほうに逸らされがちである。しかし、分析家にとって重要なことは、未来の出来事ではなく、今現在における希望の感情そのものである。この感情は、つがいグループの特徴であり、他の根拠が欠けていたとしても、それによりつがいグループの存在を根拠づけるべきものである。それ自体が、性的なものの前兆であり、またその一部でもある。言語的に表現される楽観的な考えは、時間的な置き換えと罪悪感の妥協を目論む合理化（rationalizations）である。希望の感情を楽しむことは、道徳的に申し分のない帰結に訴えることで正当化される。したがって、つがいグループと関連する感情は、憎悪、破壊性、

そして絶望の対極にある。希望の感情を存続させるために，つがいグループの「リーダー」は，依存グループや闘争－逃避グループのそれとは異なり，生まれてはならない。それは，グループを，憎悪，破壊性，そして絶望の感情から救うであろう人物やアイデアであるが，だからこそ救世主的願望（Messianic hope）が満たされてはならないことは明らかである。希望を残存させることによってのみ希望は存続する。困ったことに，希望を前面に押し出した性的な兆しの合理化により，作動グループが救世主（Messiah）（人物，アイデア，あるいは理想郷）を生み出す方向へと影響を受けてしまう。それがうまくいけば，希望は弱まる。もちろん，それはもはや望むものがなくなってしまったためであり，しかも，破壊性や憎悪や絶望は根本的に影響されているわけではないため，その存在が再び感じられるようになる。それにより，希望の減退がさらに促進される。もし，議論の目的から見て，グループが希望に満ちた状態を維持するためにグループは操作されなければならないという考えを我々が受け入れるならば，その課題に関わる人は，後で簡単に触れる特殊作動グループのメンバーとしてであれ個人としてであれ，救世主的願望は実現されないことを知っておくことが必要不可欠である。当然危険なのは，特殊作動グループが過剰な熱意に苦しみ，それにより罪のない創造的な作動グループ機能が阻まれること，あるいは，それより先に救世主の必要性を厄介払いし，後に救世主的願望を再生することである。治療的グループにおいては，グループが希望の感情とその起源を意識できるようにし，それに耐えられるようにすることが問題である。つがいグループにおける耐性は，基底的想定の機能であり，個人的な成長のしるしとみなすことはできない。

　第3の基底的想定は，グループが何かと闘うために，もしくは何かから逃れるために集合しているというものである。両者はどちらを選んでもよいように準備されている。私は，このような精神状態を闘争－逃避グループと呼ぶ。このような状態のグループに受け入れられるリーダーは，逃避もしくは攻撃の好機であるとグループに感じさせることができる者であり，異なる要求をすればグループはその者を無視する。治療的グループにおい

ては、分析家が作動グループのリーダーである。彼が集めることのできる情緒的支持は、活動的な基底的想定によって変動する主題、そして、このような心的状態により異なるリーダーへの要求に彼のふるまいがどの程度一致していると感じられるかによる。闘争－逃避グループの場合、あらゆる心理学的困難さに対する憎悪の表明、あるいは回避の手段といった提案が容易に支持を受け、それにより、何が起きているかを明るみにする試みが阻まれるのを見出す。この文脈において、最初に挙げた例でなされた下の名を用いるという提案は、闘争－逃避グループにおける逃避的な願望の表明として解釈することができただろう。もっとも、実際には、私は、グループが到達していた発達段階との関連において、これを作動グループ機能として解釈していたのである。

すべての基底的想定グループに共通の特徴

基底的想定活動への参加には、訓練も経験も精神的発達も不要である。それは、即時的、不可避的、そして本能的なものである。私は、グループにおいて私が目撃した現象を説明するために、群居本能（herd instinct）の存在を仮定する必要性を感じなかった。(3) 作動グループ機能とは対照的に、基底的想定活動は、個人の協同する能力を必要としないが、私が原子価と呼ぶ個人的特徴に依存している。この用語は、基底的想定を共有し実行するための、瞬間的かつ不随意的な、対人間の結合を表すために、自然科学から借用したものである。

作動グループ機能は、つねに1つの、そしてただ1つの基底的想定とともに現れる。作動グループ機能は不変であっても、その活動に同時に浸透している基底的想定は頻繁に変化しうる。1時間の間に2、3度変わることもあれば、同じ基底的想定が何カ月にもわたり支配的となる場合もある。非活動的な基底的想定の運命を説明するために、私はプロトメンタル・システムの存在を仮定した。そこでは、心身の活動は未分化であり、通常利

益をもたらすと考えられる心理学的研究の領域外にある。研究しようとしている領域の性質以外の要因にも依存しているある領域が心理学的研究に適しているかどうかという問いは，心に留めおかれなければならない。それは，心理学的研究法の可能性にもよる。心身医学の領域を認めることは，身体的現象と心理的現象とを分かつ境界を定めようとするあらゆる試みが困難であることを示している。したがって，私は，活動的な基底的想定を，仮説的にプロトメンタル・システムに割り当てたものから分かつ境界を，未決定のまま残しておきたい。

　作動グループ機能の研究には，日々多くの技法が用いられている。私の考えでは，基底的想定現象を研究するためには，精神分析，もしくはそれに直接由来するいくつかの技法を用いることが不可欠である。しかし，作動グループ機能には，つねに基底的想定現象が浸透しているため，後者を無視する技法が，前者についても誤った印象を与えることは明らかである。

　基底的想定に関連する感情は，一般的な用語で表すなら，不安，恐怖，憎悪，愛情，そして好意である。しかし，あたかも活動的な基底的想定に特有の結びつきを保持しているかのように，どの基底的想定であれ，共通の感情は，互いに，巧妙に影響を及ぼし合っている。つまり，依存グループにおける不安は，つがいグループに根拠づけられる不安とは性質が異なるものであり，その他についても同様のことが言える。

　すべての基底的想定は，リーダーの存在を含む。ただ，前述した通り，つがいグループの場合，リーダーは「不在」，すなわちまだ生まれていない。ここでいうリーダーは，グループ内の誰かと同一視される必要はないし，人である必要すらない。それは，1つのアイデアや無生物と同一視されるかもしれない。依存グループの場合，グループの歴史がリーダーの位置を占めるかもしれない。以前の出来事を思い出せないと訴えるあるグループは，集会の記録を取るようになり，その記録が「聖書」（bible）となる。そして，たとえば，リーダーシップを付与されたメンバーが，依存的なリーダーにふさわしくないほど強情であることが判明した場合には，グループはその聖書に訴えるのである。グループが聖書づくりに頼るのは，メン

バーの成長を促すようなアイデアにグループが脅かされるときである。そのようなアイデアは、つがいグループのリーダーにふさわしい特徴と関連しているため、そこから生じる情緒的な力が情緒的対立を引き起こす。依存グループ、もしくは闘争－逃避グループが活動的である場合、新たなアイデアの出現は現状を脅かすように感じられるため、それを抑える努力がなされるようになる。戦時下であれば、新たなアイデアは、戦車であれ幹部を選ぶ新たな方法であれ、「新しがり屋」、すなわち軍規に反するもののように感じられる。依存グループの場合、それは、「聖書」であれ人であれ、依存しているリーダーを脅かすもののように感じる。つがいグループについても同じことが言える。つがいグループにおいて、新しいアイデアや人物は、来たるべき天才や救世主に等しいが、前述したように、それがつがいグループの機能を果たすには、生まれないままでなければならない。

ある基底的想定から他への変化における変則形態

　グループの心性の変化は、ある基底的想定が別のものに置き換わることによるだけでなく、変則的な形態を取る場合があり、それは、緊張が増大するときに活動的であった基底的想定の類型により異なる。変則形態（aberrant forms）は、つねに外部のグループを巻き込む。依存グループが活動的であれば、つがいグループのリーダーによる圧力、特に、おそらく、救世主的願望に満ちたアイデアという形での圧力は、脅威となる。そのうえ、聖書づくりに頼る方法も不充分であることが明白となれば、グループは、脅威に対して、別のグループを引き入れることにより対処する。闘争－逃避グループが活動的な場合には、別のグループを吸収する傾向が見られ、つがいグループの場合、グループには分裂の傾向が見られる。最後の反応は、つがいグループにおける救世主的願望が、人であれアイデアであれ決して実現されてはならないということを留めておかなければ、異常なものと感じられるかもしれない。要点は、発達を要求する新しいアイデ

アによる脅威と，基底的想定グループにおける発達への耐性の欠如にある。その理由については後述するつもりである。

特殊作動グループ

特殊作動グループは，その名称を用いずにフロイト（1921, pp.41f）が注意を促していたものであり，その働きは，特定の基底的想定の活動に刺激を与えるという独特の傾向を持つ。この種の特性をもつグループの典型として，教会（Church）と軍隊（Army）が挙げられる。教会は，依存グループ現象の干渉を受けやすく，軍隊は，闘争－逃避グループから同様の干渉を受けやすい。しかし，別の可能性も考慮されなければならない。すなわち，これらのグループは，依存グループや闘争－逃避グループをそれぞれ中立化し，そうすることでメイングループにおける作動グループ機能の妨害を阻止するという特別な目的のために，メイングループによって分派させられる。後者の前提を認めるならば，依存や闘争－逃避グループ活動が特殊作動グループ内に出現しなくなるか，もしくは圧倒的な強さへと成長することは，特殊作動グループの失敗とみなされなければならない。どちらの場合も結果は同じで，特殊作動グループ特有の機能をメイングループが引き継がなければならず，しかも作動グループ機能を果たさなければならない。もし，特殊作動グループが，その本分である基底的想定現象の処理がうまくできないか，あるいは処理しなければ，メイングループにおける作動グループ機能は基底的想定の圧力により損なわれる。作動グループの本質的な機能は，思考や印象を現実に適した行為に現すことにあるため，基底的想定が表出されることは適応不良を意味する。基底的想定を行為に現す試みは，その大きさに比例して危険性を増大させる。特殊作動グループは，その危険性を認識し，逆の過程，つまり行為を基底的想定心性の言葉に表すという，より安全な手続きの試みを示しているようである。だからこそ，教会は，作動グループ機能の意義ある達成が示されると，実際に困

難な仕事を行ったグループの能力にではなく，神に感謝を捧げるよう説くのである。すなわち，「我らにではなく，主よ」(non nobis, Domine)。繁栄し成功を収めている教会は，作動グループ機能を容易にするという観点から，宗教的信念の砦と，それにしたがい行動することは断じてならないという主張とを両立させなければならない。成功を収めている戦闘活動は，決して行使されないが，力によって何でもできるという信念を強化しなければならない。いずれの場合にも，行為が現実との接触を保つために作動グループ機能を要するがゆえに，基底的想定の心性自体は行為に移されていない。

小集団療法において，依存グループが活動的な場合，通常は分析家が行うような，依存グループのリーダーについて解釈を行うサブグループ(sub-group)を生み出す傾向がある。闘争－逃避グループにおいてもまた，同様のサブグループが同様の機能を果たす。分析家が強情を張れば，新たなアイデアによる脅威と結びつくものとして，すでに述べたような反応を引き起こしやすくなる。

すでに述べた(p.124)ように，貴族(aristocracy)社会は，教会が依存グループに，そして軍隊が闘争－逃避グループに対してそれぞれ果たしているのと同様に，つがいグループ機能を充足する特殊作動グループを構成している。この種のサブグループの機能は，繁殖や出生についての考えに固執する感情，すなわち，性的欲求の前駆となる救世主的希望のはけ口を，発達の要請のような恐れを引き起こすことなく提供することにある。貴族社会は，救世主的希望を喚起するに違いないが，同時に，つがいグループのリーダーは，出現するなら宮殿に生まれる。しかし，我々自身と同様に，「民主的」(democratic)というのはおそらく望ましい性質を表す現代の合言葉である。治療グループにおける「貴族的」(aristocratic)なサブグループは，新しいアイデアが，すでによく知られているものであるという理解を得られるようグループを助ける。

基底的想定における時間と発達

　基底的想定の心性における次の2つの特徴は注目に値する。第1の特徴は，時間が何の役割も果たしていないということである。基底的想定の心性において，時間は，認知されない精神機能の一要素である。したがって，時間の認識を要するあらゆる活動の理解は不完全となり，また，迫害感を引き起こしがちである。基底的想定の水準の活動に関する解釈は，時間との混乱した関係を露呈する。第2の特徴は，前にも触れた通り，基底的想定の心性にはいかなる発達の過程も見られないということである。発達への刺激は，敵対反応を引き起こす。このことの重要性は，グループの研究を通じて治療的な洞察の進展を目指すあらゆるグループにおいて理解されるだろう。このようにして引き起こされた敵意は，救世主的な人物やアイデアの出現に対する反応として，ある基底的想定から別のそれへの周期的な変化というよりも，変則形態の傾向を有する。というのは，発達の阻止を望むグループにとって最も簡単な方法は，基底的想定の心性に圧倒されるに任せておくことであり，そうすることにより，グループは，発達への能力を要請されないある種の精神生活に近づくのである。このような変動は，心地よい生命力の増大により補償（compensation）される。

　発達という脅威を与える観念に対抗して生じた分裂という防衛（defence）を，分派グループの活動のうちに見出すことができる。それらは，表向きには相反していながら，実のところ同じ目的を目指しているのである。「聖書」に頼ることで依存グループに固執するグループが存在する。このようなグループは，苦痛をともなう努力を要するあらゆる要素の排除を通じて既成の観念を大衆化し，それにより，発達の痛みに対するグループの強力な抵抗を擁護する。このようにして，思考は，平凡かつ独断的な水準に固定化される。新たな考えを支持しているように見える敵対分子は，その要求が厳格すぎるために，結局は新しいメンバーの補充を止めてしまう。素朴な者と洗練された者とが共にやっていくことは，グループの発展にとっ

て葛藤の要素であるが，結局は，双方共に発展に伴う痛みを避けようとする。こうして，表面的だが多数派の分離主義者と，深遠だが数の上では取るに足らない分離主義者とが対立するようになる。その結果は，社会において最も文化的でない人々が多産であるのに対し，「最良の」人々は頑なに不妊症の状態にとどまっているという，時に表明されるあの懸念を思い出させる。

基底的想定間の関係

　ここで，今一度，3つの基底的想定グループと作動グループについて，それらをより根本的なものへと分解できるか再考してみよう。基底的想定を前提として仮定することにより，グループが研究関係者に見せる複雑で混沌とした情緒状態に，枠組みと意味を与えることができるだろう。しかし，そのような想定が存在しなければならない理由の合理的な説明になってはいない。3つの基底的想定のうちのどれひとつとして，グループの懸念やその情緒を満足に収めてくれるものでないことは確かである。そうでなければ，ある基底的想定から別の基底的想定への移行や変化は見られないだろうし，以前に概略を述べた特殊作動グループが編成される必要もないだろう。3種の基底的想定は，いずれもリーダーについての観念を含む。闘争－逃避グループは，理解という認識をまったく欠いている。すべてのことが，発達に対立する。というのも，発達は理解に依存するからである。それとは対照的に，作動グループは，理解と発達両方の必要性を認めている。特殊作動グループを考慮に入れるなら，3種はすべて，主に関連すると見られる基底的想定の領域の外にあるように見える事柄と関連している。たとえば，依存基底的想定の特殊作動グループは，依存グループよりもむしろつがいグループ活動の領域に関わる救世主的観念への没頭を含まないわけではない。ここでの努力は，ファラオの娘や神のような高貴な者と卑しい身分の両親から，婚外子として紙草か馬草の寝床で生まれる救世主の

誕生に注がれているように見える。つがいグループにおいては，貴族的なサブグループは高貴な両親や婚姻や宮殿のようなベビーベッドを認めるが，子どもは明らかに我々と同様である。事実を詳細に吟味すると，次のような事柄，すなわち，性愛，両親の対等性，我々と同様の幼児，私が性愛の本質的な要素であると考える救世主的願望，およびそれ自体理解力を要する発達への衝動を統合するという困難さの中核へ至るように思える。闘争－逃避グループは，理解力，およびそれなしには理解も存在しえない愛の欠如を表明している。しかし，闘争－逃避グループのリーダーは，恐るべき父か子のいずれかに近いような，恐怖の構成要素のひとつをもたらす。

さらに，3つの基底的想定グループは，エディプス状況（Oedipal situation）を構成する各人の特徴を割り当てられた個々人の集まりに似ており，その状況は，活動的な基底的想定の種類により異なる。エディプス状況に対応する特徴には，しかしながら，注目すべき重要な相違がある。関係は，個人とグループとの間に生じる。しかし，グループは，ばらばらにされた個人が他の隠れた個人と共に参加しているもののように感じられている。隠れた個人が作動グループのリーダーであるというのは，繰り返し述べてきた，分析家がリーダーであるという内容と矛盾しているようである。もし，治療グループにおいて分析家が作動グループのリーダーであることが想起され，さらに，指導力を感じさせる多くの徴候がありながらも，一見指導力としてはほとんど認められないことに注意を向けられるならば，この矛盾は解決される。私の経験によれば，他の誰よりも多くを語っている可能性があるにもかかわらず，私がグループに何ら関与せず，グループが私の見解を知る機会すら与えていないと言われるのがつねであった。グループではつねにそうであるが，重要なことは表現される考えにともなう感情であり，再度強調すべきは，私がグループを指導するものと想定されながらも，そうしているとは受け取られないということである。

基底的想定が優位な場合，情緒的水準において，すでに指摘した通り，精神分析の過程に見出されるのと同様象徴としてのエディプスがグループにも見出される。しかし，それには，エディプス神話（Oedipus myth）の

一要素でありながらあまり語られることのないスフィンクス（sphinx）という要素が含まれている。私が作動グループのリーダーであると感じられている限りにおいて，その事実が認識されないことは稀なのだが，私や，私に同一化されている作動グループの機能には，災難を招くような，不可解で瞑想的で尋問的なスフィンクスに対するのと同様の感情が付与されている。実際，私の介入が非常な不安を喚起した際に用いられた言葉は，グループがその類似性を理解する解釈をほとんど必要としないようなものであった。私の知る限り，グループの経験以上に尋問的な態度への不安を鮮明に示すものはない。この不安は，質問者だけでなく質問の対象にも向けられるが，私が思うには，後者は二次的なものである。グループ自身が質問の対象として存在することにより，極めて原始的な種類の恐れが喚起されるからである。私の印象では，グループを構成する個々人にとって，グループは母親の身体内部に関する非常に原始的な幻想にあまりに接近しすぎているのである。そのために，グループの力動に関する合理的な探求の試みは，恐れや，それを処理するための，妄想－分裂ポジション（paranoid-schizoid position）特有の防衛により撹乱させられる。探究は，このような水準の刺激や活性化を受けずに進めることはできないのである。

　今や我々は，基底的想定のより根本的なものへの分解の可能性を吟味できる立場にいる。私は，すでに，3種の心的状況は互いに類似しており，したがって，それらは根源的な現象ではなく，むしろ，より原始的とみなせる状態を表現するもの，あるいはそれへの反発であると仮定できることに注意を促してきた。実際，基底的想定は，グループに生起する混沌とした素材を整理するのに役立つ仮説ではあったが，さらに研究を進めようとすれば直ちに新たな仮説が必要となった。何が1つの基底的想定から他の基底的想定への変化を促進するのかについて考えるなかで，欲求およびその充足方法に関する仮説が明らかになった。この論考には，すでに述べた変則形態が含まれる。

　要約すれば，研究によって明らかになったことは，活動的な基底的想定が何であろうと，情緒的状況の要素が早期の不安をめぐる幻想に非常に

近接しているために，不安の圧力があまりに増大すれば，グループは防衛的行動を取らざるをえないということである。このような原始的な水準から接近すると，基底的想定は，私がすでに説明したものとは異なる側面を有していることがわかる。つがいへの衝動は，今や，部分対象関係（part-object relationships）において作動している原始的なエディプス葛藤（Oedipal conflicts）に関連した精神病的不安（psychotic anxiety）に起因する要素を有することとみなされるかもしれない。個人が同胞を求めるのは，この不安による。このようなつがい的衝動の起源は，つがいグループの動機が性的なものであり，かつ対象の再生産であるという一見合理的な説明により覆い隠されている。

しかし，もしつがいグループが活動的であるならば，やはりその構成要素は原始的な部分対象（part-object）への同一化（identification）を逃れえないほど近接しすぎているために，同じだけ強力な精神病的不安が喚起されるのは時間の問題であり，それに対する新たな防衛を必要とするのである。闘争－逃避グループの場合には，敵とみなされるものへの破壊的な攻撃，もしくは憎むべき対象からの逃避のいずれかにより憎しみのはけ口を見出す。グループは，個々人に対する無関心，さらには原始的な原光景を逃れる能力のなさから，再び不安を喚起され，そのほかの基底的想定への変化を求めるようになる。

以上の記述から，今や，基底的想定は，ごく早期における原光景の二次的形成物として現れることが明らかとなった。それは，部分対象の水準，そして，メラニー・クラインが妄想－分裂ポジションおよび抑うつポジション（depressive position）の特徴として述べた精神病的不安，および分裂（splitting）と投影同一化の機制において見られる。グループが取り入れたり投影したりする，恐るべき研究者や恐るべき研究対象がその本質的な部分を構成しており，それが非常に活発であると認識されなければ，場面はより混乱させられる。

原光景に関する伝統的な見解は，グループの力動を充分に取り扱うほどには至っていない。私は，グループにおける原始的な原光景を徹底的に明

らかにすることの重要性を強調したい。これは、古典的な原光景の描写とは著しく異なり、それよりはるかに奇怪で、父親の一部という対象をそのなかに含むような、乳房や母親の身体といった片方の親の一部でありながら、そのなかに父親の一部という対象を含むようなものと仮定される。メラニー・クライン（1928, 1945）は、早期のエディプス葛藤に関する論文のなかで、個人分析を行う過程で見出したこのような幻想に言及している（Paula Heimann, 1952b を参照）。グループの経験は、このような幻想がグループにとってこの上なく重要であるとする見解を支持する豊富な資料を提供しているように思われる。[6] グループが混乱しているほど、原始的な幻想と機制とは容易に識別される。グループが安定しているほど、グループは、フロイトが家族グループ（family group）のパターンと神経症的機制（neurotic mechanisms）の反復と呼んだものに一致してくる。しかし、「安定」（stable）したグループですら深刻な精神病的水準を露呈し、それが一時的にグループの「病理」（illness）を憎悪させているように見える場合もある。

要約

　グループに関する精神分析的見解について考察を行う前に、これまで述べてきた理論を要約する必要があるだろう。一人の精神分析家として、精神分析を通じて発展させてきた直観を通してグループを研究するにあたり、私は、偏見のない見解に到達するために、グループに関する従来の精神分析的理論をすべて捨て去ることに可能な限り慎重に取り組んできた。その結果、到達したグループ理論において、私は、作動グループ機能が、3つの基底的想定のうちのひとつが情緒的に反応していることを示唆する、しばしば強い情緒を帯びたふるまいと共存している根拠を示した。グループのふるまいを解明するにあたり、基底的想定は不随意的・自動的・不可避的であるという考えが役立つように思える。それにもかかわらず、「基底的想定」をそれぞれ別個の精神状態とみなさないことを支持する多くの

示唆がある。私は，それらがグループにおけるあらゆるふるまいを説明できる「基底的」なものだと主張するつもりはない。それは途方もない戯言である。しかし，それぞれの状態を他の2つから相当な確実性をもって区別することが可能な場合でさえ，それらは，何らかの点で二面性を有しているか，他の2つのうちのいずれかとの相互性を有しているか，あるいは異なる基底的想定と考えられたものの単なる別の一側面であることを示唆するような性質を備えている。たとえば，つがいグループにおける救世主的願望と，依存グループにおける神性との間には一定の類似性がある。しかし，提示される情緒的な色合いがまったく異なるために，それを見出すのは難しいかもしれない。前述した通り，不安・恐怖・憎悪・愛などはすべて各基底的想定グループのうちに存在している。各基底的想定グループと結びつく苦痛の感情の変形は，それらを結びつける，いわゆる「絆」（cement）が，依存グループにおいては罪悪感と抑うつ感であり，つがいグループにおいては救世主的希望であり，闘争－逃避グループにおいては怒りと憎悪であることから生じていると思われる。いずれにせよ，討論における思考内容は，3つのグループの間で一見異なるものとして現れる。つがいグループにおける誕生していない天才が，時に依存グループにおける神と酷似していることはありうる。たしかに，「過去」（past）のリーダーの権威に訴える依存グループは，「未来」（future）のリーダーに訴えるつがいグループに非常に似通ってくる。いずれにおいてもリーダーは不在であるが，時制と情緒が異なる。

　私がこれらの点を繰り返し述べたのは，前掲の基底的想定に関する仮説を，硬直した公式化とみなすべきではないと考えるためである。

精神分析的見解

　フロイトは，転移（transference）の研究からグループに関する理論を導き出した。精神分析におけるつがい的関係は，より大きなグループ状況の

一部とみなすことができる。したがって，その理由についてはすでに述べたが，転移関係は，つがいグループに関連した特徴に彩られている。分析を全体としてのグループ状況の一部とみなすなら，そこに現れる素材のなかに極めて性的な要素が見出されるのも当然であろう。また，活発でありながらも実際のところ分析から除外されているグループの一部として，性的な活動としての精神分析において疑惑と敵意が見出されるのも当然であろう。

　分析の経験から，フロイトは，私が特殊作動グループと呼んだもののうちの2つ，すなわち軍隊と教会の意義を導き出した。しかし，生殖を最重要視することによりつがいグループ現象を処理する貴族という特殊作動グループには言及していない。もし貴族が単に外的現実に関連したものならば，その活動は実際よりもはるかに大学での遺伝子研究に似通ったものになるだろう。しかし，生殖への関心は，外的現実に方向づけられた精神的活動と関連する科学的な雰囲気を有してはいない。これは，軍隊が闘争－逃避現象を，そして教会が依存グループ現象を処理するのと同様に，つがいグループ現象を処理するために分割された特殊作動グループである。したがって，このサブグループとメイングループとの関係は，厳格な遺伝主義（genetic principles）に対する忠誠の程度ではなく，つがいグループ現象を処理することにより，グループ全体の作動グループ機能が情緒的衝動（emotional drives）によって阻害されないようにするというメイングループの需要を満たす効率の程度により決定される。フロイトは，グループの問題に関するあらゆる表面的な研究を明確に否定し（1913, pp.75ff），ル・ボン，マクドゥーガル，そしてウィルフレッド・トロッター（Wilfred Trotter）の見解を考察する過程でグループに言及したが，実際にはフロイト（1921, ibid.）は，情緒的なストレスに巻き込まれる個人という意味で，グループに関する豊富な経験を有していたのである。それは，精神分析がグループにおいて，つがいグループを刺激する位置を占めるものであると私がすでに指摘したものである。

　フロイト（1930, pp.44 ff）は，個人とグループの心理を明確に区別する

ことは不可能であり，それは，個人の心理自体が1人の人間と他の人間との関係によるものであるためと述べている。彼は，数字をあまりに重視した結果，我々の精神生活に，そうでなければ機能することのない新たな本能を設定することは困難であると反対している。私の考えでは，この点においてフロイトは正しい。私は，どのような場合であれ，群居本能を前提とする説明を要するような現象に出会ったことがない。個人は，たとえそのメンバーシップが現実的にはまったくグループに属していないように見える場合でさえ，なおつねにグループのメンバーである。個人とは，グループと，そして，その「グループ性」を構成しているパーソナリティの一側面と闘っている集団性の動物である。フロイト（1921, p.29）は，この闘いを「文化」（culture）との争いに限定したが，私はこの見解にさらなる拡大を要することを示したい。

マクドゥーガルやル・ボンは複数の人が一同に相会したときにのみグループ心理（group psychology）が出現すると主張しているように見えるし，フロイトもこれを否定してはいない。私から見れば，それは研究を可能にするためという以外に必要なことではない。個人が集まることは，分析家と被分析家が相会することにより転移関係を明白にするための方法としてのみ必要とされる。グループの特性を提示するのに適した状態を提供するためには，集合することは唯一の方法である。個々人が充分近づくことによって解釈を与えるのに叫ぶ必要がなくなり，同じように，すべてのメンバーが解釈の基礎となる証拠を目撃することが可能になる。これらの理由のために，メンバーの人数や分散の程度には制限が必要である。このような事務的な理由のために，一定の時間，一定の場所にグループが集合することは重要なことではある。しかし，それはグループ現象の生成にとってはまったく重要なことではない。そのような観念は，ある事象はその存在が明白なものになった瞬間に初めて認められるものであるという印象から生じる。実際には時間的・空間的にいかに孤立していたとしても，あらゆる個人はグループ外のもの，あるいはグループ心理の活動的な表現を欠くものとみなされるべきではない。にもかかわらず，すでに述べた通り，集

合することにより、グループのふるまいはより容易に説明したり観察できるようになる。私の考えでは、観察や説明が容易であるために、トロッターが仮定したような群居本能をはじめとする、すでに述べてきた通りの諸理論が生まれ、遂にはグループは個々人の総計以上のものであるという考えにまで至ったのである。私は自身の経験から、フロイトがそのような概念を当面不必要であるとして一切認めなかったことは正しいと確信している。グループ心理と個人心理の間の外見上の相違は、グループに慣れていない観察者にとっては、グループによりもたらされる相容れない顕著な事実から生み出される幻想である。(7)(8)

作動グループの力と影響力とは偉大なものであると私は考えている。作動グループは、現実との接触を通じて、いかに未熟であれ科学的な方法を採用せざるをえない。基底的想定の影響を受け、時にはそれとの調和を保ちながらも、最終的に勝利を収めるのは作動グループである。グループが真実を求めることなどありえないとル・ボンは述べている。私が同意するのは、フロイトの見解である。彼は、言語や民謡や民話などの生成においてグループが果たした役割を強調し、ル・ボンの説がグループに対して公平性を欠いていると指摘した。(9) 高度に組織化されたグループ状況の下では「グループ形成における心理学的不利」が除去されるというマクドゥーガルの主張は、特殊作動グループの機能が基底的想定を操作し、作動グループの妨害を阻止するという私の見解に近いものである。フロイトは、この問題を、グループのために獲得されるもののひとつ、「正確には、個人的特性であり、グループの形成により失われる」ものとして記述している。彼は、原始的グループの外部において、自身の連続性・自己意識・伝統と習慣・特有の機能と地位を有する個人を仮定した。彼によれば、「未組織」(unorganized) のグループに加入することにより、個人はその特殊性を一時的に喪失する。私が思うに、特殊性を保持しようとする個人の努力は、その時々におけるグループの精神状態によって異なる性質を有する。グループが組織化されることにより、作動グループの安定性と持続性が可能となる。未組織のグループにおいて、基底的想定による支配はより容易で

あるように思われる。個々の特殊性は，基底的想定の下で活動しているグループの一部にはならない。作動グループの武器は組織化と構造化である。それはグループのメンバーによる協同の産物であり，ひとたびそれらが確立されれば，グループのメンバーはさらなる協同を要求されるようになる。この観点から見て，マクドゥーガルの言う組織されたグループとは，つねに作動グループであり決して基底的想定グループを示さない。基底的想定の下で機能しているグループは，組織化も協同の能力も必要としないだろう。基底的グループにおいて，協同に対応するのは原子価である。それは，個人のパーソナリティにおける，自発的・無意識的な群居性の機能である。やっかいなのは，基底的想定の下でグループが活動しはじめるときに限られる。活動は必然的に現実との接触をもたらす。現実との接触は真実（truth）への敬意と科学的方法（scientific method）を強いるものであり，作動グループがそれに続き喚起される。ル・ボンによれば，リーダーとは，その人の下に人々が本能的に集まり，首長としてその権威を受け入れるような人物である。リーダーは，個人的資質としてグループに対する適応性を有しているべきであり，また，グループの信仰を呼び覚ますために，自分自身を信じることができなければならない。個人的特性としてグループへの適応性を有するというル・ボンのリーダーに関する見解は，そのふるまいや性格がグループにおいて優勢な基底的想定の許容範囲を超えると，いかなるリーダーであれグループから無視されるようになるという私の見解と一致する。さらに，リーダーはグループと同じ「信仰」（faith）をもたなければならないが，それは，グループの信仰を呼び覚ますためではなく，グループとリーダーの態度が同様に活動的な基底的想定の機能であることによる。

　マクドゥーガル（1920, p.45）による「未組織」（unorganized）のグループと「組織化」（organized）されたグループとの単純な区別は，私には，2つの異なるグループではなく，同一のグループにおいて観察される共存する2つの精神状態のように思える。先に述べた通りの理由により，「組織化」されたグループは作動グループの特徴を，そして「未組織」のグループは基底的想定グループの特徴を呈する傾向にある。フロイトは，「未組

織」のグループに関するマクドゥーガルの記述を引用し，その見解について考察を行っている。私の考えでは，グループの被暗示性は，何が暗示されているかによる。もしそれが優勢な基底的想定の条件に合うものならばグループはそれに従い，そうでなければグループはそれを無視するだろう。後に言及するパニックのなかに，この特性が明白に現れてくるように私には思える。

　先にフロイトによる考察に触れたが，マクドゥーガルは，総体的な精神生活の水準を高めるための特定の状況を構想した。彼が言うには，「そのような状況の第一のものは，その他すべての基礎となるものであるが，グループの存在がある程度持続することである」（1920, p.49）。私は，マクドゥーガルの言う組織化されたグループとは，私が作動グループと呼んでいるものであると確信している。マイヤー・フォーテス（Meyer Fortes）（1949）は，社会構造，特に「物理的・具体的現実としての構造」と「構造上の形態」との区別に関するラドクリフ・ブラウン（Radcliffe Brown）の見解について考察を行い，両者の区別は，社会構造の時間的持続性と関連があると述べている。私の見解では，社会構造の時間的持続性は，作動グループの機能である。マイヤー・フォーテスは，社会構造における時間的要素の影響は決して一様ではないとしながらも，すべての共同的グループは，そうである以上，持続性をもたなければならないと付け加えている。マクドゥーガルによる，組織化されたグループと未組織のグループとの区別にしろ，時間的要素の影響にしろ，2つの異なる個々人の集合というような感覚で，2つの異なる種類のグループを扱っているとは信じがたい。むしろ，同じ個々人で形成されるグループにおいて共存している2つの異なる精神的活動の領域を扱っているのである。作動グループ活動においては本質的なものである時間は，基底的想定活動においては居場所をもたない。基底的想定グループは，グループが一室に集合する以前から活発に機能しており，散会後もなお続いている。基底的想定の機能には発達も衰退もなく，この点においても，基底的想定グループと作動グループとはまったく異なる。グループにおいて，2つの異なる種類の精神的機能が同時に作動

しているということが認識されないならば，グループの時間的継続性の観察は，いずれ変則的で矛盾した結果を導くだろう。「次の会合はいつですか」と尋ねる人が，精神的現象について語っているならば，作動グループに言及している。基底的想定グループには，会合も散会もない。基底的想定グループにおいて，時間への言及に意味はない。私の知っているあるグループは，知的な人々で構成されており，誰もが会合の時間を熟知していたが，会合が終了したことに対して怒りを顕わにし，作動グループの心性においては疑う余地のないこの事実を把握するのに相当の時間を要したのである。したがって，通常苛立ちと呼ばれているものは，基底的想定グループにおいては，不安の表現とみなされなければならない。それは，本質的に，基底的想定の心性に関知しない次元が混在した現象により引き起こされる。それは，まるで，光の特性についてよく知る人だけが理解できる現象に盲人が気づかされたようなものである。

　私は，グループの精神生活の水準を高めるためのマクドゥーガルの原理を，基底的想定グループによる作動グループ阻害を防止する試みとして表したい。彼は第2の条件において，個々人が作動グループの目的について明確な見解を持っていることの必要性を強調している。彼の第4の強調点は，メンバー同士や全体としてのグループとの関係を決定づける，グループメンバーの心のなかにある伝統と習慣への願望である。このような考えは，グループにおける調和が，個人的機能，および個人を制限する堅固さに基礎づけられなければならないとするプラトンの見解に近いものである。しかし，それはまた，『神の国』第19巻において，正しい仲間関係を築くことができるのは，それ以前に神との関係を統制できた者だけであると述べている聖アウグスティヌスの見解とも類似している。このことは，マクドゥーガルによる組織化されたグループについての記述が主として作動グループ現象に関連しているとする私の説明と矛盾しているように見えるかもしれない。両者の違いは，おそらく次のようなことである。マクドゥーガルは，外的現実との接触を保持する作動グループ能力の強化により基底的想定に対処しようとした。一方，聖アウグスティヌスは，基底的想定，

特に依存基底的想定との接触を維持するという特殊な機能をもつ特殊作動グループの形成技術を精巧に作り上げた。留意すべきは，彼がアラリックの猛攻に抵抗できず志気が低下していたローマにおいてキリスト教の擁護に努めたということである。(10) 換言すれば，以前に異教徒が行っていたよりも非効率的な方法で基底的想定を処理していると疑われるような主体，あるいはグループが出現したのである。聖アウグスティヌスは，不安のうちにこれを論破しようと努めた。それは，市民とグループを導こうとする人にとっては馴染みの苦境である。基底的想定の刺激や操作がなされるとき，ある意味それはつねになされなければならないが，特に，充分な知識はおろか自覚さえなければ，その結果は厄介なことにならざるをえない。

　ここで，グループにおいて個人の情緒は異様に昂揚し，一方で知的能力は明らかに減退するというフロイトの考察に立ち返り検討してみよう。個人的観点からのグループについての言及は後に譲るとして，ここでは，フロイト（1921, p.33）と同様に，グループ現象として考えてみたい。私の経験では，グループ活動を組織する際に，グループが私に指導を期待するのはごく自然なことであった。私は自らの立場を利用して，グループの力動を示す方向へグループを導いたため，グループにおける「組織」（organization）は，マクドゥーガルの言う組織とは異なるものであった。マクドゥーガルの考える「組織化」されたグループへの願望は，くじかれるのである。基底的想定の表現は，構造化や組織化を満足させられないことによる恐怖のために，その一部である情緒を抑制することになる。このようにして生じる緊張が，個人にとっては情緒の増大と感じられる。構造の欠如が基底的想定グループの強要を推し進め，そのようなグループにあっては，すでに述べた通り，知的活動は極めて制限されるため，基底的想定グループへの参加により強要されるふるまいに適応している個人は，その知的能力が減退しているように感じる。このことが事実であるという確信は，個々人が基底的想定にそぐわないあらゆる知的活動を無視することによりさらに補強される。私は，グループにおける知的能力の減退について，「思考の領域における偉大な決断，重大な発見，そして問題の解決

は，個人が単独で従事しているときにのみ可能である」（McDougall, 1920）という考えをまったく信じていない。しかし，そういうものだという信念がグループ討議において表明されるのは一般的なことであり，あらゆる種類の計画は，グループのなかにあるおそらくは有害な情緒的影響を回避するよう念入りに企てられる。私は，グループにおける高度の知的活動，ならびに基底的想定グループにおける情緒を意識すること（回避でなく）は可能であると信じているがゆえに解釈を与えるのである。グループ療法に価値があるとすれば，それは，この種のグループ活動の意識的経験のなかにあるのだと私は確信している。

　フロイトは，「暗示」（suggestion）「模倣」（imitation）「リーダーの威信」（prestige of leaders）「伝染」（contagion）などと呼ばれるさまざまな現象について考察している。私が「原子価」という名称を用いる理由は，それらの言葉にすでに付与されている意味を避けるためであり，また「原子価」が原子を結合する力を示す物理学用語であり，私の目的に最も役立つ暗示力を有するためである。この用語を，私は，確立された行動様式，すなわち基底的想定において，瞬間的に結合する個人の能力を表すために用いている。この用語に与える意味については，後に，個人的寄与に関する精神分析的見解について言及する際に詳述する。

　フロイトの考察の詳細を検討するのはここまでにして，彼の用いた「リビドー」（libido）という用語に移ろう。彼は，この用語を精神神経症の研究において用いた（Freud, 1921）。彼は，精神分析的な方法でグループに言及したが，私の経験から言えば，精神分析は，つがい基底的想定を刺激するような作動グループである。そうであるとすれば，精神分析的探求自身がつがいグループの一部となり，その中心が性的関心に占められるおそれがある。さらに，精神分析的探求自体が性的活動であると糾弾されるおそれがある。というのも，つがいグループに関する私の見解では，もし2人の人が相会するならば，グループはその目的を性的なものに違いないとみなすからである。このことから考えれば，フロイトが，グループにおける個人間の絆をリビドー的なものとして扱おうとしたのは自然な成り行き

である。グループの絆におけるリビドー的要素は，つがいグループの特徴である。しかし，依存グループや闘争－逃避グループにおける絆の様相はそれとは異なるものである。フロイトは，教会の最高司令官をキリストと述べているが，私の見方では，それはキリスト（Christ）ではなく神である。キリストないし救世主は，依存グループではなく，つがいグループのリーダーである。つがいグループの一部とみなされている精神分析において，救世主，あるいは救世主的観念（Messianic idea）は，中心的位置を占め，そして，個人間の絆はリビドー的なものである。個々の患者が，分析家の非常な献身を受ける価値があるという想定のうちに，救世主的観念は顕わになる。また，精神分析的研究が最終的には人類を救済するような技法を完成させるであろうという，時に公然と表明される見解のなかに顕わになる。つまり，フロイトの用いるリビドーという用語は，重要なものではあるが，ある側面を表しているにすぎない。すべての基底的想定の水準における結びつきを表すには，より中立的な用語が必要であると思われる。私がより洗練されたものと考えている作動グループにおける結びつきは，協同という用語で表すのがよりふさわしい。

　フロイトは，リーダーについて，グループの依存を引き受け，そのパーソナリティがグループの性質を引き出すようなものであると考えたが，私からみれば，それはもっぱら，彼による同一化の観念，すなわち自我による取り入れ（introjection）の過程から抽出されたものである。私の考えでは，リーダーは，他のメンバーと同様に，基底的想定の産物である。このことは，特定の個人とリーダーとの同一化が，取り入れだけでなく，同時に投影同一化（Melanie Klein, 1946）によるものでもあると考えれば，想像に難くない。基底的想定水準においては，リーダーがある観念に狂信的に固執することによりグループを創り出すということはない。むしろ，リーダーとは，グループのリーダーシップ要求に応じて，その個性を消滅させることに，特に敏感なパーソナリティを有する個人である。「個人としての弁別性の喪失」は，他のすべてのメンバーと同様グループのリーダーにも適用される。この事実により，指導者が陥りがちな態度の一部を説明できるだろう。た

とえば,闘争－逃避グループには,独自のパーソナリティを有するリーダーが現れる。それは,闘うか逃げるかの能力しかグループに要求しないリーダーという,グループの要求にふさわしいパーソナリティを彼が有しているからである。リーダーは,自分自身であるための自由を,グループにおける他のすべてのメンバー以上にもっているわけではない。それは,リーダーは強力で壮大な意思をもたなければならないとするル・ボンの考えや,あるいは,リーダーは催眠術師のようなものであるというフロイトの考えとは異なる。リーダーのもつ力は,グループ内の他のすべてのメンバーと同様,その人物がル・ボンの言う「自らの意思に従うことを止めたロボット」であるという事実による。要するに,その人物は,瞬間的,そして不随意的に(随意的な場合もあるだろう),グループの他のメンバーと結びつく能力のおかげでリーダーとなっているのであり,他のメンバーと唯一異なるのは,作動グループにおける機能はどうであれ,基底的想定グループリーダーを具現化しているという点である。

　フロイトの見解によって,リーダーシップという現象のうちに存在する危険性が充分明確にされたようには思われない。リーダーに関して,私が知っている彼のあらゆる見解は,私が経験した実際のリーダーシップとは容易には相容れない。作動グループのリーダーは,少なくとも,外的現実との接触という価値をもっているが,基底的想定グループのリーダーにそのような能力は要求されない。一般的なリーダーに関する記述には,さまざまなグループ現象の表現が混在しているが,優勢なのは作動グループリーダーの特性である。理由についてはすでに述べたが,作動グループのリーダーは,グループに対する影響がないために無害であるか,もしくは,現実把握により権威を発揮するような人物であるかのどちらかである。したがって,リーダーシップに関する議論において,作動グループリーダーの性質が楽観的な方向へ向かうということはありうる。基底的想定グループのリーダーに関する私の見解は,それが作動グループのリーダーと等しいという可能性を否定するものではない。しかし,基底的想定グループが認めるのは,基底的想定グループが要求する以上のいかなる現実との接触

も回避し，グループの熱心な忠誠を明らかに呼び起こすようなリーダーの存在である。グループを導くリーダーは，パーソナリティの消滅した自動人形，すなわち「弁別性を喪失した個人」でありながら，なお基底的想定グループの情緒に満たされており，人々が作動グループのリーダーの特権として信じようとするすべての威信を持ち合わせている。そのような理解により，当初優勢だった情緒が鎮まったとき，グループを導いてきたリーダーの実体の欠如として，惨事の一部を説明することが可能になる。

　フロイト（1921, p.45）によれば，パニック（panic）の研究に最も適しているのは軍隊というグループである。私は，軍隊において，パニックに相当する状況を2度経験した。一般的な小さなグループにおいても何度か同様の状況を体験したが，それらの体験は情緒的に軍隊での経験に酷似しており，パニックと呼ぶのにふさわしいものであった。私は，自らの経験から，フロイトの理論を全面的に支持するわけではないが，しかし，フロイトが論じた現象は同様のものであったと考える。マクドゥーガルによるパニックに関する記述は，本質的に，私自身のものと類似した経験について論じていると思う。そのことは，以下の記述により確認される。すなわち，「恐怖に比べれば，その過程は急速でも強烈でもないが，生々しく原始的な情緒が，非常に類似した様式で群衆により拡散される」（McDougall, 1920, p.24）。さらに，彼は，ボルネオで目撃した，群衆によって瞬間的に怒りが拡散される例を脚注に記載している（前掲，p.26）。このように，マクドゥーガルは，互いを結びつけてはいないものの，怒りと恐れとを近接するものとして記述しており，それは，パニックが闘争－逃避グループの一側面であるとする私の見解を支持するものである。パニック，逃避，そして統御不能の攻撃は実際同一のものであるというのが私の主張である。私は，フロイト（1921, p.49）が引用したネストロイ（Nestroy）のパロディに精通していないが，彼が引用した通りだとすれば，それを典型的なパニックとみなすことに同意する。しかし，闘いから完全に逃れる方法は死をおいてほかにはないのである。将軍の死に続く恐慌的逃避の物語は，闘争－逃避リーダーへの忠誠とまったく矛盾していない。死もまたリーダーシッ

集団の経験　161

プの行為であり，ゆえに彼は死んでなお服従される。

　激しい怒りを容易に生じさせる状況でなければ，パニックは起こらない。激しい怒りや恐怖が，即座に利用できるはけ口を与えられなければ，欲求不満は，逃れがたく耐えがたいものになる。なぜなら，欲求不満は時間的経過への気づきを要するが，時間は，基底的想定事象の次元のものではないからである。逃避は，闘争－逃避グループにおける情緒を表現し，欲求を即座に充足する機会を提供する。だからこそ，グループは逃避するのである。あるいは，攻撃もまた同様に即座のはけ口を提供する。だからこそ，グループは闘争する。闘争－逃避グループは，即座の逃避，もしくは即座の攻撃を承認するようなリーダーであれば誰にでも従う（従来の見解とは対照的に，その際にも一貫性は保持される）。グループ内において，闘争－逃避リーダーの条件に適合する個人であれば，無謀な逃避から攻撃へ，あるいは無謀な攻撃からパニックへとグループを向け変えるのは困難なことではない。

　私が互いに交換可能と考えるパニックと激しい怒りの誘因は，つねに作動グループ機能の圏外において生じる。つまり，（すでに述べた通り，作動グループ機能の一部である）組織化がパニックを引き起こす特定の外的な出来事に対処するためのものでない限り，グループにおける組織化の程度は，パニックの要因とはならない。フロイト（1921, p.47）が挙げた，劇場や娯楽施設における火災の例において，作動グループは観劇に専念しており，大火を目にしたり，ましてや消火をするわけではない。組織化の本質は，グループの外部的目的，およびその探求が最もよく引き起こす基底的想定の操作の両方に適合しなければならない点にある。軍隊におけるパニックは，軍事上の危険性が当然のこととして存在したとしてもなお，軍事上の危険性によってもたらされるのではない。いかなる状況にあっても，作動グループに適した形で攻撃や逃避が表現される限り，パニックは起こりえない。もしそのような状況でパニックが起きたとすれば，それは本当の原因が観察されていないということである。

　フロイトが発展させた諸理論と私が述べてきたそれとの間には，たしか

に大きな相違がある。私は，自ら見出した一連の機制を表現するために新しい用語を慎重に用いてきたので，その相違は，実際以上に大きいものと感じられるかもしれない。このことを検証するには，さらに個人的な観点からグループについて考察を行う必要があるだろう。しかし，その前に，フロイトがグループを部分対象関係の反復と見なしていたことについて要約しておこう。フロイトの見解によれば，それは神経症的な振る舞いのパターンに，そして，私の見解では，それは精神病的な振る舞いのパターンに近いものである。

フロイトが述べている通り，健全な組織や社会は，家族グループに似ている。しかし，個人の場合と同様，より侵害されたグループについて，家族や神経症的な振る舞いのパターンに基づいて理解することは難しいようである。

私は，ここまで述べてきたことが，単に病的なグループにのみ適用されると考えているわけではない。むしろ，あらゆるグループにおいて，これらの精神病的パターンの顕在化を経ずして真の治療が達成されうると考えるのは大いに疑わしい。グループによって，その存在が早期に認識できる場合もあれば，それを明確にするのに何らかの操作を要する場合もある。そのようなグループは，分析を受けはじめて数カ月も経った頃に，分析を受ける以前よりもずっと病状が悪化したように見える患者に似ている。

治療のためにグループに参加する人には，治癒をもたらす体験ができると信じる権利がある。ほぼ例外なく，そして例外は実際以上に例外であることを際立たせるものだが，患者は，グループが役に立たないし，彼らを治療してもくれないと確信している。彼らは，ともかく私がグループの一員でありながら，それにより不安が和らげられるどころか，むしろ彼らの曖昧でまとまりのない疑惑や憤りが，彼らとその悩みに対するグループの態度に基づいていることを詳細かつ念入りに提示されることに衝撃を受ける。彼らの疑惑には充分な根拠がある。少なくともその一端は，彼らに対する，完全なる真の無関心，あるいはより悪い場合には憎悪と思えるものにつながっている。6名のメンバーと私とで構成されるグループにおいて，

ある女性が話していたときの例を挙げよう。彼女は，食事に関する困難，すなわち，レストランで食事をする際の窒息の恐怖について，また，最近の出来事として，魅力的な女性と同席になった際の当惑について話している。「私はそういったことは感じません」とＡ氏（男性）が発言すると，1,2名のメンバーがひそひそ話を始めたが，それは，Ａ氏への同意を示しているようであった。示しているようであり，現に示していた。一方でグループは今やずる賢くなっており，必要に応じて「何も言っていない」と言うことができる。他のメンバーは，そのことに興味も関心もないように見える。もし，分析状況において，患者がこの女性のような発言をしたのであれば，分析の段階に応じていくつかの可能な解釈を見出すのに，分析家はさしたる困難を感じないだろう。何年にもわたる一対一の精神分析的研究に基づく解釈のうちの何がそのグループに適しているのか，私にはわからない。あるいは，分析的状況の構成要素に関する考えを改めるべきなのかも知れない。実際のところ，私が提供した解釈はほぼすべて次のことを指摘していた。すなわち，グループに対する彼女の告白に続いて生じたのは，それが何であろうと彼女の困難が彼らのものでもあること，さらに，彼らがその点において彼女より優れていることの否認にともなうグループの不安であった。そこで私は，グループが彼女の率直さを受け入れることにより，その率直さにおいて「劣っている」(inferior) ことを認める用意が整ってしまっているがゆえに，今や残りの誰もが，他の側面について個人的に話しづらくなっていると示すことができた。要するに，もし患者が困難に対する援助を求めてグループに参加したのであれば，彼女が得たものが，劣等感の増強であり，孤独と無価値感の強化であることを示すのは難しくない。

　さて，このような状況は，分析において分析家が無意識的な恐怖や不安を明らかにすることに成功した際に得られるものには似ていない。私の挙げた例では，「魅力的な女性」(an attractive woman) と食事の席を共にした際の彼女の不安の意味を解明するような何らの解釈も女性に対して与えられてはいない。私が与えた解釈は，有効性の限りにおいて，自由に投影同

一化を頼るグループにおいてその受容体となっていることに関連した不快感を彼女に対して明らかにした。私は，しようと思えばセッションにおける「食事」(meal) が彼女の困惑を引き起こしていると示すこともできた。そして，それはある程度，私がグループ全体に対して与えた解釈に包含されていた。しかし，精神分析的観点からは，このように述べるほうが公平かもしれない。女性は解釈に満足していない。そして，苦痛な経験を強いられており，その不快感は彼女の障害に固有のものではなく，グループ療法が誤った治療であるという事実に由来する。しかし，別の可能性もある。女性が話しているときに，彼女が精神神経症 (psycho-neurosis) の一例でないと推定する理由は何もなかったし，今でもないのだが，彼女が自身を表現する際の，無意識的表現における率直性と一貫性に私は強く印象づけられた。それは，精神病患者 (psychotic) が合理的なコミュニケーションを試みる際にしばしば生じる混乱とは対照的である。こう言えば論点がより明確になるだろう。この患者が，私との分析において，グループのなかで話したのと同様に振る舞ったのであれば，私は，その抑揚や物腰から，神経症的障害に適した解釈が正しいと信じて疑わなかっただろう。グループのなかで私が感じたのは，抑揚にしろ物腰にしろ，精神病的な構造に近いものとみなすほうが，彼女のふるまいをより正確に把握できるということであった。この点に注目したとき，私に言えるのは，彼女にとって，グループという単一の対象であったものが，彼女の食事によってばらばらの小片（グループのメンバー個々人）に分裂され，そういう信念が罪悪感を強めたために，投影同一化の受容体となることに関連する情緒が，自身の振る舞いの過ちとして感じられていたということである。彼女にとって，このような罪悪感は，また，グループの別のメンバーが彼女の情緒のうちで演じている役割を理解することも困難にしている。

　これまで，私は，手当てを受けようとしている患者に干渉する「グループの短所」(badness of the group) について考えてきた。ここでは，メラニー・クライン (1946) の言う分裂や投影の機制により「治癒」(cure) を得ようとしているグループのメンバーの観点から，そのことについて考えてみ

よう。彼らは，女性患者の問題をすべて放棄しただけでなく，もしこの機制が有効であるならば，女性に対するあらゆる責任を免れる必要性を公然と示した。それは，彼ら自身のパーソナリティにおける良い部分を分裂し，分析家のなかにそれを置くことによってなされる。このような方法で個々人がグループから得た「手当て」（treatment）は，一方では，フロイトの言う「個人的弁別性の喪失」に近い心的状態の実現であり，他方では，精神病者における離人症（depersonalization）のようなものである。この点において，グループは，依存が優勢な基底的想定として私が述べてきたような状態にあった。

　このグループのその後の展開についてこれ以上追求するつもりはない。ただ，あらゆるグループ状況に共通の特性については触れておこう。それは，短い感嘆詞，長い沈黙，退屈さを表す嘆息，不快そうな動作といったものである。このようなグループ状況には，きめ細かく注意を向ける価値がある。グループは，ほぼ無限に続くそのような会話や，あるいはそれもないような状態に，耐えつづけられるように見える。抵抗があったとしても，単調さに耐えることのほうが，それを終わらせるために行動するよりは無害なようである。グループの振る舞いにおけるこの位相の重要性について，すべての理由を挙げるのは不可能である。上述の分裂や離人症と密接に関連しているといえば充分であろう。私はそれが抑うつ感情（feelings of depression）とも関連していると信じているが，おそらく，分裂ポジション（schizoid position）の維持が抑うつポジションの抑制に役立つのとまったく同様のことだろう（Klein, 1946）。

言語的交流

　この段階において与えられる解釈は，無視される。この無視は，精神分析の場合と同様見せかけにすぎない。解釈は失敗であり，そのために効果がないのかもしれない。あるいは，基底的想定が非常に優勢なために，そ

の範疇に入らない指導は無視されるかもしれない。しかし，これらの可能性を認めたとしても，なお不可解さは残る。私は，言語的交流は作動グループの機能であるという結論に達せざるをえなかった。基底的想定グループへの一致度が高まるほど，グループにおける言語的交流の合理的な使用は減少する。言葉は音を伝達するための媒体となる。メラニー・クライン（1930）は個人の発達における象徴形成（symbol formation）の重要性を強調したが，象徴形成能力の崩壊についての彼女の議論は，私が述べてきたグループ状況に関連しているように思える。作動グループは，交流に含まれる象徴に特有の使用法を理解するが，基底的想定グループはそうではない。基底的想定グループの「言語」（language）は原始的だと聞いたことがあるが，私はそれが真実だとは思わない。私に言わせれば，それは原始的というより劣化したものである。思考の手段として言語を発達させる代わりに，グループは既存の言語を行動様式として用いる。このように「単純化」（simplified）された交流手段は，原始的な，あるいは早期の言語がもつ生命力をまったく持ち合わせていない。その単純さは，退化であり劣化である。この状態と対照的なのは，グループがその語彙の不充分さを自覚し，グループにおいて使用を望む言葉について議論し一致を試みる場合である。このような例では，作動グループ機能の一部としての「原始的」（primitive）な科学的方法の進化がみられるが，そこに劣化は存在しない。基底的想定グループの「言語」には，象徴を形成し，使用する能力により付与される精密さと視野とが欠けている。したがって，発達への支援は得られず，通常は発達を促進する刺激が何ら影響をもたらさない。しかし，グループは交流の方法として，クローチェ（Croce）が美学に与えた用語である世界共通言語（Universal Linguistic）を採用すると主張することもできる。あらゆる人間のグループは，文化や言語や伝統がいかに異なっていようとも，基底的想定の水準では，他のあらゆる人間のグループを即座に理解する。

　これまでに挙げた理論のいくつかを適用する実践として，バベルの塔(11)（the Tower of Babel）の建設に関する聖書の記述を用いて例証を行う。この神話は，精神分析において患者が連想を紡ぐのと同じような方法で，以下

の構成要素，すなわち，世界共通言語，神の地位を脅かすものとしてのグループによる塔の建設，世界共通言語の混乱，そして地上の人々を広く拡散させることとをつなぎ合わせる。この神話にはどのような事象が組み込まれているのだろうか。この神話の解釈に私の理論を適用し，依存基底的想定が優勢なグループにおける言語の発達について具体的に示してみよう。新たな発達は——フロイトが，高い精神的次元におけるグループ活動の例として言語の発達を選んだことは記憶に値する——それ自体がグループのさらなる発達を要求する。私はそれが，塔の象徴性，すなわち神の覇権を脅かす建造物に内在すると考える。その塔が天国に届くという観念は，私がつがいグループの本質と考える救世主的希望の要素を導く。しかし，救世主的希望の実現はつがい基底的想定の規律に反するので，グループは分裂し解体する。

メラニー・クライン（1930）は，象徴形成能力が欠如している個人の特徴を明示したが，私はそれを基底的想定グループのメンバーとしてのあらゆる個人の機能にまで拡大したい。

要約

グループの力動に関するフロイトの見解は，修正より補足を要するように私には思える。グループにおけるある振る舞いを，家族状況における反応とみなせることに注意を向けるのが適切な解釈であるという場合は多い。言い換えれば，家族グループがあらゆるグループの基本的様式を提供しているというフロイトの考えには充分な根拠がある。私がこの根拠を強調しなかったのは，その見解が充分役立つものとは思えないためである。もし家族グループの源泉から導き出される機制に研究が限定されるならば，グループ療法の手順を確立しようとするいずれの試みも成功するかは疑わしい。私はさらに先へ進みたい。私の考えでは，集団力学の中心点は，メラニー・クラインが妄想－分裂および抑うつポジションとして記述した，よ

り原始的な機制によって占められている。言い換えれば，もちろん私の限られた経験によって証明しようというわけではないが，それは単に，家族グループがあらゆるグループの原型であるとするフロイトの発見についての解明が不充分であるというだけでなく，その不充分さによって，グループにおける主たる情緒的衝動の源泉が見逃されているという事実にある。

　もちろん，これは，グループにおいて私と2人きりでいたいという個人的願望の欲求不満が生み出した人工物かもしれない。その重要性を過小評価しようとは思わないが，私が目撃した現象が治療的グループに特有のものとは信じない。あらゆるグループは，その構成員である個人に対して，刺激と同時に欲求不満を与える。個人は，グループのなかに自身の要求の充足を求めるよう強いられ，一方ではグループが引き起こす原始的な恐怖によりその目的を妨げられる。

　要約すれば，あらゆるグループにおいて，個人は作動グループ活動に従事するために相会する。それは，目前の課題を遂行しようとする精神的機能である。研究が明らかにしたのは，これらの目的が，起源の不明瞭な情緒的衝動により，時に妨げられ，時に促進されるということである。もしグループがその目的に対して特定の基底的想定に基づき情緒的に活動していると仮定すれば，変則的な精神的活動に一定のまとまりが与えられる。基底的想定は，依存・つがい・闘争もしくは逃避という3つの定式化によってかなり適切にその輪郭が示されているようであるが，さらに探求を進めると，まるで何らかの説明不能な衝動に呼応するかのように，互いに入れ替わっていることがわかる。さらにそれらは，何か共通の連結を有しているようでもあり，あるいは，ことによると，それぞれが異なる側面のようでさえある。さらなる研究により，各基底的想定が，非常に原始的な部分対象に相当する特徴を含んでおり，遅かれ早かれこのような原始的な関係に伴う精神病的不安が放出されることが示された。これらの不安とそれに特有の機制は，すでにメラニー・クラインによる精神分析のなかで明示されてきたものである。彼女の説明は，それを基底的想定の産物とみなせば一貫性が感じられるような，集合的行動にはけ口を見出すグループの情緒

的状態にほぼ一致している。洗練された作動グループ活動という見地から接近すれば，基底的想定は，グループにおいて明示されている課題，あるいは，家族グループに基礎づけられたグループに関するフロイトの見解にふさわしいと思われる課題からさえほど遠いものを目指す情緒的衝動の源のようである。しかし，メラニー・クラインらにより示された，原始的な部分対象関係にまつわる幻想と結びついている精神病的不安という見地から接近すれば，基底的想定現象は，むしろ精神病的不安に対する防衛的反応という性質を有しているようであり，それは，フロイトの見解と異なるというよりはそれを補うものである。私の見解では，家族の様式に属する緊張と，部分対象関係におけるより原始的な不安の両方を乗り越える必要がある。実際，後者にはあらゆるグループ行動の究極的な源泉が含まれていると考える。

　もし，個人の治療法としてグループ精神療法の手順を確立する試みに価値があるようなら，精神分析家はそれを新たに命名すべきである。その理由はすでに述べた（pp.160-164）が，私が従事してきたこの種の仕事を，精神分析として記述するいかなる科学的正当性も私は見出すことができない。それに加えて，我々は皆，苦い経験から教えられてきた事実に気づいている。それは，無意識に対する抵抗が非常に捉え難いために，分析的発見が歪曲されるかもしれず，個人的防衛を支持するよう異なる視点から再解釈されるかもしれない（Jones, 1952）という事実である。したがって，精神分析という用語は，統制可能な状況の範疇において，精神分析の基本原則に則り，引き続き適用されるべきである。治療的価値のある手順とは何かという問いが残される。その問に対する確定的な見解を述べる時期が来ているとは私は考えていない。可能であれば，精神分析を受けたか，あるいは受けている個人により構成されるグループにおいて，その資格を充分に有する精神分析家により治療的価値についての研究が継続される余地があると私は信じている。

　集団力学の記述としては，私が輪郭を描いた学説が，各人がグループのメンバーであるところの日常生活において，目にすることのできる現象に

意味を与えるものであるか否かという点から、個々人が決定する立場にある。

▼註

1 ── 特に「トーテムとタブー」(1913) および「集団心理学と自我分析」(1921) を参照。
2 ── 「トーテムとタブー」(フロイト (1913) p.54) における名前のタブーに関する考察も参照のこと。
3 ── W・トロッター (1916) とは対照的だが、フロイト (1921, p.3) には同意する。
4 ── メラニー・クラインの見解。
5 ── 精神分析におけるそれらの生起については、ポーラ・ハイマン (Paula Heimann) (1952a) が言及している。
6 ── メラニー・クラインが「エディプス葛藤の早期段階」(Early Stages of Oedipus Complex) (1928) において言及した外部対象に知る精神病的反応が、種々の観念に対するグループの反応と類似していることは注目に値する。聖書づくりはこれに対する防衛の一種である。
7 ── この点の考察については、pp.119 以下を参照。
8 ── これは歴史的発展でもある。それは、メラニー・クラインによる精神病についての理解なしには異質と思えるグループのふるまいの一側面でもある。象徴形成と分裂的機制に関する論文を参照のこと。著者による発展については後述する。
9 ── 言語発達の一側面については、本書内で後に考察を行う。
10 ── 『神の国』は、アラリック率いる西ゴート族によるローマ占領を機に、西ローマ帝国およびその国教であるキリスト教が急速に衰退していくなかで、キリスト教の歴史的弁証を意図して著された。神への愛によりつくられた「神の国」と、自己への愛によりつくられた「地の国」の起源、発展、終焉を説き、教会を「神の国」の「しるし」とみなす救済観を提示した。[訳註]
11 ── 「創世記」第 9 章 1-9。この話は、いわゆるヤハウェの暗号の一部であり、したがって、依存基底的想定が支配的なグループが、つがい基底的想定の出現により脅かされた際の記録の一例とみなされる。

▼文献

- Meyer, F. (1949) Time and Social Structure : an Ashanti Case Study. In *Social Structure.* Oxford : Clarendon Press.
- Freud, S. (1911) Formulations on the two Principles of Mental Functioning. London : Hogarth Press. *Collected Papers.* Vol.IV ; *The Complete Psychological Works of Sigmund Freud.* Vol.12. (高田珠樹ほか＝訳 (2009)「心的生起の二原理に関する定式」『フロイト全集 11』岩波書店)
- Freud, S. (1913) *Totem and Taboo.* London : Hogarth Press. 1950. *Complete Works.* Vol.13. (須

藤訓任・門脇 健＝訳（2009）「トーテムとタブー」『フロイト全集12』岩波書店）
- Freud, S.（1921）*Group Psychology and the Analysis of the Ego.* 1922. London：Hogarth Press. *Complete Works.* Vol.18.（須藤訓任・藤野 寛＝訳（2006）「集団心理学と自我分析」『フロイト全集17』岩波書店）
- Freud, S.（1930）*Civilization and its Discontents.* London and New York. 1930. *Complete Works.* Vol.21.（高田珠樹＝監修（2011）「文化の中の居心地悪さ」『フロイト全集20』岩波書店）
- Heimann, P.（1952a）Certain Functions of Introjection and Projection in Early Infancy. In M. Klein et al.（eds.）*Developments in Psycho-Analysis.* London：Hogarth Press.
- Heimann, P.（1952b）A contribution to the Re-evaluation of the Oedipus Complex：the Early Stages. *Int. J. Psycho-Anal.* Vol.23, Pt.2. Also in M. Klein et al.（eds.）*New Directions in Psycho-Analysis.* London：Tavistock Publications, 1955；New York：Basic Books.
- Jones, E.（1952）Preface to *Developments in Psycho-Analysis.* London：Hogarth Press.
- Klein, M.（1928）Early Stages of Oedipus Complex. In *Contributions to Psycho-Analysis,* 1921-1945. London：Hogarth Press, 1948.（西園昌久・牛島定信＝編訳（1983）「エディプス葛藤の早期段階」『メラニー・クライン著作集1──子どもの心的発達』誠信書房）
- Klein, M.（1930）The Importance of Symbol-Formation in the Development of the Ego. In *Contributions to Psycho-Analysis.* London：Hogarth Press, 1948.（西園昌久・牛島定信＝編訳（1983）「自我の発達における象徴形成の重要性」『メラニー・クライン著作集1──子どもの心的発達』誠信書房）
- Klein, M.（1935）A Contribution to the Psycho-Analysis of Manic-Depressive States. In *Contributions to Psycho-Analysis.* London：Hogarth Press, 1948.（西園昌久・牛島定信＝編訳（1983）「躁うつ状態の心因論に関する寄与」『メラニー・クライン著作集3──愛・罪そして償い』誠信書房）
- Klein, M.（1945）The Oedipus Complex in the Light of Early Anxieties. In *Contributions to Psycho-Analysis.* London：Hogarth Press, 1948.（西園昌久・牛島定信＝編訳（1983）「早期不安に照らしてみたエディプス・コンプレックス」『メラニー・クライン著作集3──愛・罪そして償い』誠信書房）
- Klein, M.（1946）Notes on Some Schizoid Mechanisms. In M. Klein et al.（eds.）*Developments in Psycho-Analysis.* London：Hogarth Press, 1952.（小此木啓吾・岩崎徹也＝訳（1995）「分裂機制についての覚書」『メラニー・クライン著作集4──妄想的・分裂的世界』誠信書房）
- McDougall, W.（1920）*The Group Mind.*（2nd ed.）London：Cambridge University Press, 1927.
- Trotter, W.（1916）*Instincts of the Herd in Peace and War.* London.
- Le Bon, G.（1896）*The Crowd：A Study of the Popular Mind.* London：Benn, 1947.（桜井成夫＝訳（1993）『群集心理』講談社学術文庫）

訳者後書

　本書は，1961年に出版された，ウィルフレッド・R・ビオン（Wilfred Ruprecht Bion［1897-1979］）による *Experiences in Groups* の全訳である。ビオンは，主に軍病院でのグループ経験から，特にグループを全体として支配するようになる無意識的幻想に着目し，独自の集団論を構築するにいたった。本書は，それについてビオン自身が体系的に論じた唯一のものである。著者自身本書において言及している通り，本集団論の中核的概念である「作動グループ」と「基底的想定グループ」は，それぞれ，フロイトが提唱した「自我」と「イド」に対応する概念といえる。その点からだけ見ても，本書は，グループのメタサイコロジーに関する古典であり，さまざまな応用を経て発展していくことはあってもその影響力が衰えることはないだろう。

　実際のところ，本書を参照している研究の多くは，精神分析や集団精神療法に関するものであるが，本書からの恩恵を受けられるのは，それらの専門家だけに限らない。家族のような小グループから国家のような大グループまで，さまざまなグループ（組織，共同体など）に所属することを逃れられる者はいない。メンバーとしてのグループへの適応，グループ内におけるメンバー（人材）のマネジメント，そして所属するグループの発展について考えるすべての人は，本書から学んだことをそれぞれの立場で実践に生かすことができるだろう。ビオン自身，彼が本書において提唱した理論の検証を，読者が実際に所属しているグループから得られるデータにあたり行うよう繰り返し勧めている。

　ビオンは，個人精神分析の場合と同様，主観的反応に基づくグループの理解を何よりも重視した。一方で，そういった方法で得られたデータがエビデンスに関して直面するであろう困難さについても自覚していた。それ

が，主観は悪くて客観は良いという「分裂」だとすれば，それもまた，現代の心理学研究という共同体を支配する幻想のひとつとして理解されるべきなのかも知れない。

　監訳者であるハフシ・メッド（Hafsi Med）先生は，応用精神分析，すなわち，精神分析的な理論やモデルに基づく実証的研究という方法でこの困難さを乗り越える努力を続けられた。先生は，主に大学で長年にわたり実践されたグループでの主観的体験を中心に据えながらも，そこから得られるデータをより客観的に測定したり扱うための方法を常に模索しておられた。▼1「原子価論」（valency theory）は，その仕事における特に重要な成果のひとつであり，ビオンによる集団論の全体としての発展にも大きく貢献するものである。ビオン自身が本書において「基底的想定を共有し実行するための，瞬間的かつ不随意的な，対人間の結合」（p.139）として僅かに触れるのみであった「原子価」の概念を，ハフシ先生は，グループと個人との相違を否定したフロイトとビオンの考えに従い，グループに限らずあらゆる対象との関係を構築するための手段と位置づけ，その発生・発達過程，類型，臨床への応用などの体系を原子価論としてまとめられた。そして，文章完成法による「原子価査定テスト」（valency assessment test）の開発を行われた。▼2原子価論は，主観と客観だけでなく，個人とグループとの間の壁を乗り越える，あるいはそれらを繋ぐことを可能にした。現在まで，さまざまな個人的な心身の疾患やグループにおける問題行動について，原子価論の観点から多くの研究が行われている。ハフシ先生の仕事についてこれ以上詳細を述べることはできないので，直接先生の著書にあたっていただきたい。計画されていた数々の研究をおこなうことなく，また本書の完成を見届けることなく先生が亡くなられたことは，無念の極みである。本書や，そこからの発展としてハフシ先生が残された仕事が，訳者を含む多くの人に変形され生かされていくことを望む。

＊

本書の邦訳が試みられたのは初めてのことではない。1973年に2つの出版社から邦訳版が出版されたが、いずれも絶版となっており、入手し辛い状況が続いていた。改めて翻訳を行うにあたり、前に出版された2冊の邦訳版を参考にさせていただいた。精神分析の用語については、『精神分析事典』（岩崎学術出版社）を参考にした。『精神分析事典』に掲載されていない用語については、主にハフシ先生の著書を参照した。

　監訳者の意向に従い、過剰に平易な文章に意訳することを避けた。ビオンは難解だとよく言われるが、彼の表現が難解なのではなく、彼が扱っている現象が難解なのだというのが、ハフシ先生の口癖であった。それとは異なる意味で、伝わりづらい点や誤りがあったとすれば、それらの責任はすべて訳者にある。お知らせいただければ大変ありがたい。

　金剛出版の藤井裕二氏は、大変丁寧に編集作業をしてくださった。監訳者を失った訳者らが作動グループの機能を取り戻すまで辛抱強く見守ってくださった。記して感謝します。

黒崎優美

▼註

1─── 「Bionの仕事を勉強していくことは、まさに一つの精神的な闘いである」（ハフシ・メッド（2003）『ビオンへの道標』ナカニシヤ出版, p.3）
　　「D-グループ〔アンジュー（Anzieu, D.（1984）Le groupe et l'inconscient : L'imaginaire groupal. Paris : Bordas）の実践による"group de diagnostic"に修正を加え著者が考案した精神分析志向のTグループの様式と技法〕には幾つかの目標と効果がある。最も重要なのは、①参加者にとっての教育的価値、②観察者にとっての訓練的価値、③研究の目標、④参加者にとってのカタルシス的効果と洞察的効果、⑤心理療法へのイニシエーションの効果である。D-グループは、グループの「愚かさ」あるいは「基底的想定グループ」の発生と演出を研究するのに理想的なアリーナであろう」（ハフシ・メッド（2004）『「愚かさ」の精神分析──ビオン的観点からグループの無意識をみつめて』ナカニシヤ出版, p.20）
　　「困難なことは、グループが大きくなればなるほど、愚かさがグループ外の者にとっては目につきやすくなるが、愚かさを示しているグループにはそれがみえなくなるということである。すなわち、適切な介入があれば、小グループや個人が愚かさに気づき、それをやめるこ

とを試みたり、あるいは、エディプス王のように責任を取ったりする。しかし、社会や国のような大グループの場合,愚かさがグループ外の者にとって非常に明確に見えるが、グループ・メンバーはそれを認識することができない。したがって、それに対して責任を取ろうとしない。なぜならば、大グループの場合、愚かさが非常に広がりやすいので、グループの感覚器官を越えるようになるからである。その結果、グループは自分の愚かさを否認したり、偽科学や道徳,宗教そして運命まで頼って,それを正当化しようとする場合が多い。[…] 小グループの愚かさと大グループの愚かさの違いは質的な相違ではなく、量的なものである。物質的,人身的損害からみれば、大グループの愚かさの方が高くつき、常に人間の存続に対する脅威を構成している。人間は、そのような脅威に負けず勝たず、それと共存し続けている。グループにとって、愚かさによる脅威に勝つことは、自分に勝つことになる。なぜならば、グループが闘ったり、避けたり、依存したりする相手は、グループの外にあるのではなく、グループ内に存在するからである。つまり、グループの挑戦すべき相手はグループ自身である」(ハフシ・メッド (2004)「あとがき」. In 『「愚かさ」の精神分析――ビオン的観点からグループの無意識をみつめて』ナカニシヤ出版)

2 ――― 「原子価論は、人間がなぜ闘ったり(闘争)、逃げたり(逃避)、人に頼ったり(依存)、性交を望んだり(つがい)するのかという問題を新たな頂点から理解するための論説や示唆を提供している。原子価論から見れば、これらの行動や態度とそれらの基盤となる「生の本能」と「死の本能」は、個人内の基本的な要素よりも、むしろ原子価に含まれる要素である。生の本能は、依存の原子価とつがいの原子価に、死の本能は、闘争の原子価と逃避の原子価に含まれると考えられる。[…] 原子価論は、対象関係的な理論であるが、主体が対象と結合することを当然として考える他の理論と異なる。これらの理論は、主体と対象の結合、または「絆」において体験される幻想や防衛機制等の心的事象を明らかにしようとする。しかし、原子価論の中心は、成立した絆よりも、それを可能にする要素、すなわち原子価である。したがって、原子価論が示唆しているのは、原子価がなければ、正常なものにせよ、病理的なものにせよ、人と人の絆が有り得ないということである」(ハフシ・メッド (2010)『「絆」の精神分析――ビオンの原子価の概念から「原子価論」への旅路』ナカニシヤ出版, pp.224-225)

「VAT〔VAT（Valency Assessment Test）：原子価の構造を測定する目的で著者が考案した投映法による文章完成法テスト〕を受ける目的は、VAT 実施の練習と自己発見及び自己の原子価構造を認識することである。従って、VAT を実施する者に期待されることは、上述の問題点を意識し、バイアスを抑え、なるべくあるがままの自己が反映されるように努力することである。[…] では、始めましょう！」(ハフシ・メッド (2010)『目に見えない人と人の繋がりをはかる――原子価査定テスト (VAT) の手引き』ナカニシヤ出版, p.62)

索引

名

アインツィヒ，ポール（Paul Einzig）.......... 100, 101, 103
アラリック（Alaric）........................ 118, 157, 171
アリストテレス（Aristotle）........... 052, 108, 118
ウィトカワー，エリック（Eric Wittkower）....... 018, 098
ギボン，エドワード（Edward Gibbon）........ 092
キリスト（Christ）................................ 103, 159
クィギン，ヒングストン（Hingston Quiggin）.. 100, 103
クライン，メラニー（Melanie Klein）........ 129, 135, 148, 149, 165-171
クレイ，ヘンリー（Henry Clay）.............. 100
クローチェ，ベネデット（Benedetto Croce）..... 167
ケフロン（Kephron）........................... 110
サウル王（King Saul）.......................... 113
聖アウグスティヌス（St. Augustine）.......... 118, 156, 157
トインビー，アーノルド（Arnold Toynbee）..... 096, 104, 110
トロッター，ウィルフレッド（Wilfred Trotter）................................... 151, 153, 171
ニーチェ，フリードリヒ（Friedrich Nietzsche）.. 119
ネストロイ（Nestroy）.......................... 161
ハイマン，ポーラ（Paula Heimann）............. 171
ハリディ，ジェイムズ（James Halliday）..... 099
フォーテス，マイヤー（Meyer Fortes）........ 155
ブラウン，ラドクリフ（Radcliff Brown）..... 155
プラトン（Plato）................................ 118, 156
フロイト，ジークムント（Sigmund Freud）....... 096, 116, 119, 120, 122-124, 129, 131, 142, 149-155, 157-163, 166, 168-172
ホッブズ，トマス（Thomas Hobbes）.......... 118
マクドゥーガル，ジョイス（Joyce McDougall）................................ 120, 123, 129, 151-158, 161
リックマン，ジョン（John Rickman）........ 025, 028, 063, 086, 121
ル・ボン，ギュスターヴ（Gustave Le Bon）..... 120, 122, 123, 129, 151-154, 160

A

ATS.. 022, 028
ba（basic assumption）.............. 096, 099, 101, 102, 115［▶基底的想定］
baD（dependent basic assumption）................. 075, 084, 096-099, 101-103, 105, 107, 109-115［▶依存基底的想定］
baF（fight-flight basic assumption）................. 084, 096-102, 107
baP（pairing basic assumption）084, 096, 097, 101, 102, 107［▶つがい基底的想定］
pm（proto-mental system）....................... 097, 099, 101［▶プロトメンタル・システム］
W .... 097, 102, 107, 110-113, 115［▶作動グループ］

あ

悪（badness）..................................... 105
依存基底的想定（dependent basic assumption）...
　088, 092, 094, 096, 145, 157, 168, 171 ［▶ baD］
依存グループ（dependent group）......... 072, 073,
　075, 077, 078, 080, 081, 085, 086, 088, 090-
　092, 094, 118, 138, 140-145, 150, 151, 159
依存的想定（dependent assumption）.............. 134
英国陸軍（British Army）................................ 086
エディプス葛藤（Oedipal conflicts）..... 148, 149,
　171, 172
エディプス状況（Oedipal situation）.............. 146
エディプス神話（Oedipus myth）.................. 146

か

家族グループ（family group）........ 129, 149, 163,
　168-170
課題（task）..... 013, 015, 017, 023, 024, 055, 089,
　091, 106, 129, 131, 132, 138, 169, 170
かのよう（as if）.. 094
神（deity；God）....... 111, 113, 118, 134, 135, 145
『神の国』（City of God）................... 118, 156, 171
貴族（aristocracy）..................... 124, 143, 146, 151
貴族的（aristocratic）................................ 143, 146
基底的想定（basic assumptions）..........................
　060-066, 068, 069, 071-075, 077, 078, 081, 082,
　084, 085, 087-091, 093-103, 106, 107, 119, 125,
　133, 134, 136, 138-150, 153-159, 162, 166-171
　［▶ ba］
基底的想定グループ（basic assumption group）....
　074, 075, 084, 088, 090, 092, 094, 139, 142, 145,
　146, 150, 154-158, 160, 161, 167, 168
逆転移（counter-transference）.......................... 136
救世主（Messiah）..................... 141, 143-145, 168
救世主的観念（Messianic idea）.............. 145, 159
救世主的願望（Messianic hope）.... 138, 141, 146,
　150
旧約聖書（Genesis）................................ 112, 115
教会（Church）......... 124, 142, 143, 151, 159, 171
狂気（mad）................................. 054, 111, 114
凝集性（cohesiveness）........................ 067, 123, 130

共生的（symbiotic）... 078
協同（cooperation）......... 020, 026, 051, 084, 085,
　089, 091, 106, 131, 139, 154, 159
共同体（community）...... 017, 080, 081, 101, 117,
　137, 175, 176
グループ心性（group mentality）....049-059, 063,
　064, 075, 098
グループ心理（group psychology）......... 098, 121,
　152, 153
グループ性（groupishness）..................... 088, 152
グループ病理（group diseases）............... 094, 095
グループ文化（group culture）........054-056, 058,
　059, 063, 064, 070-072, 075
グループ療法（group therapy）...... 085, 112, 158,
　165, 168
群居本能（herd instinct）................. 139, 152, 153
軍精神病院（military psychiatric hospital）...... 015
軍隊（Army）........... 016, 063, 124, 142, 143, 151,
　161, 162
訓練病棟（training wing）................. 015-025, 028
経験から学ぶ（learning by experiences）........ 081,
　083, 084, 092
結核（tuberculosis）................................. 096, 098
欠席者（absentees）................. 047, 048, 052, 061
幻覚（hallucinations）.. 054
言語（language）....... 039, 137, 153, 167, 168, 171
原光景（primal scene）..................... 137, 148, 149
言語の交流（verbal communication）...... 166, 167
原子価（valency）..... 106, 107, 123, 139, 154, 158
原始的（primitive）......... 100, 117, 120, 123, 129,
　147-149, 153, 161, 167, 169, 170
幻想（phantasy）...... 080, 093, 122, 129, 136, 147,
　149, 153, 170, 175, 176, 178
行動化（acting out）............................. 088, 137
行動様式（mode of action）............. 058, 158, 167
合理化（rationalizations）................. 081, 137, 138
個人心理（individual psychology）... 119, 122, 153
個別性（individual distinctiveness）.......... 129, 130

さ

罪悪感（guilt）........ 017, 068, 072, 102, 107, 135,
　137, 150, 165

査定（assessment）............ 018, 132, 176, 178, 185
作動グループ（work group）............091-093, 097, 110, 111, 116, 118, 119, 122-124, 131-134, 138-140, 142, 143, 145-147, 149, 151, 153-162, 167, 169, 170 [▶W]
サブグループ（sub-group）.... 027, 116, 117, 124, 143, 146, 151
自我（ego）................................ 116, 131, 159, 172
時間（time）.. 144
思考（thought）050, 061, 079-081, 085, 093, 118, 132, 142, 144, 150, 157, 167
社会的本能（social instinct）............................ 120
宗教（religion）........ 080, 081, 092, 100, 102, 111, 134, 143, 178
集合的退行（massive regression）..................... 129
「集団心理学と自我分析」（Group Psychology and the Analysis of Ego）................................ 119, 171
集団性格（group character）............................. 027
集団力学（group dynamics）.... 130, 135, 168, 170
象徴形成（symbol formation）......... 167, 168, 171
情緒的衝動（emotional drives）............. 133, 151, 169, 170
神経症（neurosis）........... 015, 016, 017, 026, 028, 051, 052, 060, 062, 073, 089, 096, 122
神経症的（neurotic）........ 015, 017, 018, 020-022, 026, 048, 074, 137, 163, 165
神経症的機制（neurotic mechanisms）............. 149
信仰（faith）............................ 080, 092, 113, 154
真実（real ; truth）........... 019, 093, 124, 132, 153, 154, 167
信者（devotees）................................ 080, 081, 135
心身症（psychosomatic diseases）..................... 099
信念（belief）... 022, 079, 080, 084, 087, 088, 092, 108, 111, 114, 129, 130, 132, 134, 136, 143, 158, 165
スフィンクス（sphinx）................................... 147
性（sex ; sexuality）.... 060, 061, 072, 124, 151, 158
政治的動物（political animal）......................... 108
聖書（bible）................. 140, 141, 144, 167, 171
生殖（breeding）... 151
精神神経症（psycho-neurosis）................ 158, 165
精神病（psychotic）................................... 166, 171
精神病患者（psychotic）................................... 165
精神病的（psychotic）................ 149, 163, 165, 171

精神病的不安（psychotic anxiety）.... 148, 169, 170
世界共通言語（Universal Linguistic）...... 167, 168
羨望（envy）.. 108
洗練されたグループ（sophisticated group）........ 084, 089-091, 094, 097
憎悪（hatred）... 066, 068, 081, 083, 084, 137-140, 149, 150, 163
双対（dual）... 082, 083
組織化（organized）................ 020, 024, 078, 123, 153-157, 162

た

退行（regression）... 130
タヴィストック・クリニック（Tavistock Clinic）.. 031, 034, 040
知性化（intellectualizations）............................ 079
乳房（breast）... 129, 149
治癒（cure）.. 133, 163, 165
直観（intuitions）..................... 024, 129, 130, 149
つがい（pair ; pairing）... 060-063, 066, 069-072, 074, 078, 084, 086, 088, 096, 097, 119, 124, 136, 137, 148, 150, 169
つがい基底的想定（pairing basic assumption）.... 062, 094, 097, 124, 158, 168, 171 [▶baP]
つがいグループ（pairing group）... 071, 072, 090, 091, 124, 125, 137, 138, 140, 141, 143, 145, 146, 148, 150, 151, 158, 159, 168
手当て（treatment）.................. 133, 134, 165, 166
抵抗（resistances）.... 017, 018, 080, 096, 105, 116, 144, 166, 170
転移（transference）.................. 033, 096, 124, 150
転移関係（transference relationship）...... 120, 151, 152
天才（genius）........... 111, 114, 125, 129, 141, 150
同一化（identification）.................... 084, 148, 159
投影（projection）..................................... 148, 165
投影同一化（projective identification）... 135, 136, 148, 159, 164, 165
闘争－逃避（fight-flight）.........061, 062, 068-072, 074, 084, 086, 094, 096, 146, 151, 161, 162
闘争－逃避グループ（fight-flight group）......071-073, 078, 088, 090, 094, 119, 124, 138, 139,

141-143, 145, 146, 148, 150, 159-162
「トーテムとタブー」（Totem and Taboo）.... 119, 122, 125, 171
特殊作動グループ（specialized work group）...... 123, 124, 138, 142, 143, 145, 151, 153, 157
取り入れ（introjection） 159
貪欲（greed） 072

な

憎しみ（hate） 073, 148
二面性（dual） 109, 110, 115, 150
ノースフィールド軍病院（Northfield Military Hospital） 086
ノースフィールド実験（Northfield Experiment） 086

は

発達（development） 080, 083-085, 090, 092, 108, 116, 117, 120, 129, 131, 132, 139, 141-146, 155, 167, 168
花嫁代償（bride-price） 100-102
パニック（panic） 130, 155, 161, 162
バベルの塔（the Tower of Babel） 167
否認（deny） 049, 079, 109, 110, 164
福祉国家（Welfare State） 113, 115
部分対象（part-object） 169
部分対象関係（part-object relationships） 148, 163, 170
プロトメンタル（前－精神的）（proto-mental） 093-095, 097-099
プロトメンタル・システム（proto-mental system）................094-097, 099, 100, 102, 106, 139, 140 [▶ pm]
分裂（schism ; splitting） 088, 116, 117, 141, 144, 148, 165, 166
分裂ポジション（schizoid position） 166

変則形態（aberrant form） 141, 144, 147
防衛（defence） 144, 147, 148, 170, 171, 178
補償（compensation） 144
母胎（matrix） 085, 094, 095, 097, 099, 121
ボルネオ（Borneo） 161
本能（instinct）084, 092, 106, 117, 119, 120, 139, 152-154, 178

ま

未組織（unorganized） 153, 154, 155
民主的（democratic） 018, 143
妄想－分裂ポジション（paranoid-schizoid position） 147, 148, 168

や

抑うつ感情（feelings of depression） 166
抑うつポジション（depressive position） 148, 166, 168
良さ（goodness） 087
欲求不満（frustraion） 035, 047, 052, 053, 057, 071, 076, 078, 088, 132, 137, 162, 169

ら

リーダー（leader） 039, 048, 052, 054, 056, 063-065, 067, 071, 073, 075, 076, 078, 080, 108-114, 116-118, 134, 138-141, 143, 145-147, 150, 154, 158-162
リーダーシップ（leadership） 034, 057, 065, 071, 083, 106, 107, 110, 112, 113, 140, 159-161
離人症（depersonalization） 129, 166
リビドー（libido） 158, 159
『歴史の研究』（A Study of History） 104, 110, 115

訳者略歴

黒崎 優美
（くろさき・ひろみ）

現職：神戸松蔭女子学院大学人間科学部心理学科准教授／臨床心理士
学歴：奈良大学大学院社会学研究科修了（1999年）／神戸学院大学人間文化学研究科博士後期課程修了（2008年）／博士（人間文化学）
［担当：謝辞／序文／序章／「集団の経験」第4・5・6章／「再考」／訳者後書］

小畑 千晴
（おばた・ちはる）

現職：徳島文理大学人間生活学部心理学科准教授／臨床心理士
学歴：奈良大学大学院社会学研究科修了（1999年）／武庫川女子大学大学院臨床教育学研究科満期退学（2005年）／博士（臨床教育学）（2006年）
［担当：「集団の経験」第1・2・7章］

田村 早紀
（たむら・さき）

現職：北海道大学国際連携機構学術専門職／臨床心理士
学歴：奈良大学大学院社会学研究科修了（2008年）／修士（社会学）
［担当：「集団の経験」第3章］

監訳者略歴

ハフシ・メッド
（Hafsi Med）

前職：奈良大学社会学部教授
学歴：リヨン第2大学大学院臨床心理学専攻（1981年）／大阪大学大学院人間科学研究科（1987年）
専攻：グループ精神療法，精神分析

主著────『ビオンへの道標』（2003・ナカニシヤ出版），『「愚かさ」の精神分析──ビオン的観点からグループの無意識を見つめて』（2004・ナカニシヤ出版），『「絆」の精神分析──ビオンの原子価の概念から「原子価論」への旅路』（2010・ナカニシヤ出版），『目に見えない人と人の繋がりをはかる──原子価査定テスト（VAT）の手引き』（2010・ナカニシヤ出版）．

集団の経験
しゅうだん けいけん

ビオンの精神分析的集団論
せいしんぶんせきてきしゅうだんろん

印　刷	2016年11月20日
発　行	2016年11月30日
著　者	ウィルフレッド・R・ビオン
監訳者	ハフシ・メッド
訳　者	黒崎優美・小畑千晴・田村早紀
発行者	立石正信
発行所	株式会社 金剛出版（〒112-0005 東京都文京区水道1-5-16）電話03-3815-6661　振替00120-6-34848
装　幀	戸塚泰雄（NU）
本文組版	古口正枝
印刷・製本	太平印刷社

ISBN978-4-7724-1527-9　C3011　©2016　PRINTED IN JAPAN

新装版 ビオンの臨床セミナー

[著]=ウィルフレッド・R・ビオン　[監訳]=松木邦裕　祖父江典人

●A5判　●並製　●230頁　●定価 **4,500**円+税
● ISBN978-4-7724-1506-4 C3011

英国精神分析の新潮流ウィルフレッド・ビオンによる
ブラジリアとサンパウロでの症例スーパーヴィジョン記録。
ビオンの精神分析を知るための
恰好の一書。

新装版 ビオンとの対話
そして，最後の四つの論文

[著]=ウィルフレッド・R・ビオン　[訳]=祖父江典人

●A5判　●並製　●176頁　●定価 **4,200**円+税
● ISBN978-4-7724-1505-7 C3011

系統立った真新しい理論書でもなく
即座に臨床に活用できる治療技法書でもなく，
精神分析の本質を思考せしめる
精神分析臨床の座右の書。

新装版 再考：精神病の精神分析論

[著]=ウィルフレッド・R・ビオン　[監訳]=松木邦裕　[訳]=中川慎一郎

●A5判　●並製　●200頁　●定価 **4,200**円+税
● ISBN978-4-7724-1344-2 C3011

ビオン自身がケースを提示しつつ
精神分析と精神病理論について書いた8本の論文に，
自らが再び思索を深めて
詳しく解説を加えた「再考」の書。